Dr. med. Ursula Keicher/Gisela Dürr

Mein Körperbuch

Dr. med. Ursula Keicher/Gisela Dürr

Mein Körperbuch!

Eine spannende Reise vom Kopf bis zu den Füßen

Weltbild

Inhaltsverzeichnis

Sieht gut aus, schmeckt gut – und ist auch noch gesund.

DEIN KÖRPER

Dein Körper – oder: die beste Maschine der Welt

Täglich siehst du deinen Körper, den deiner Eltern, von Geschwistern, Freunden und vielen anderen. Klar, dass er dir erst mal recht gewöhnlich und ganz selbstverständlich vorkommt. Doch in ihm steckt viel mehr, als du vielleicht denkst.

In Wirklichkeit handelt es sich bei deinem Körper um eine ausgeklügelte „Maschine", die über Jahrmillionen von der Natur entwickelt und ständig verbessert wurde. Das Ergebnis ist faszinierend! Wir wissen schon einiges über die hochkomplizierten Prozesse und Abläufe im Körper, über die einzelnen Organe und ihre Zusammenarbeit, aber vieles muss noch erforscht werden. Das Gehirn zum Beispiel, unser eindrucksvollstes Organ, lässt viele Fragen offen, die selbst die bedeutendsten Forscher der Welt bis heute nicht endgültig klären konnten.

Viele Fragen – viele Antworten

Dein Körper ist ähnlich wie eine Fabrik in verschiedene Bereiche aufgeteilt. Jeder dieser Bereiche hat eine bestimmte Aufgabe, und alle diese Bereiche müssen gut aufeinander abgestimmt sein und zusammenarbeiten, damit der Körper funktionieren kann. Nur dann bekommst du ausreichend Luft zum Atmen, kannst deine Beine und Arme bewegen, dich mit Freunden unterhalten, den Duft von Blumen riechen oder eine süße Schokolade schmecken.

Na, neugierig geworden?

Sicher möchtest du jetzt weiterlesen, um zu erfahren, wie Nerven und Gehirn miteinander vernetzt sind, welche Aufgaben die Muskeln haben und was mit deiner Nahrung im Verdauungsapparat passiert. All das erfährst du auf den folgenden Seiten, und natürlich erhältst du auch Antworten auf viele andere Fragen: Wie entsteht ein neuer Menschen? Wie bleibt der Körper fit und gesund? Warum muss ich niesen? Woher kommen blaue Flecken? Wie heilt eine Wunde? Warum hat Opa graue Haare? Und und und.

Wer sein Wissen zum Körper testen will, findet am Ende des Buches ein Quiz. Prüfe doch schon bevor du dieses Buch gelesen hast, wie viele Fragen du richtig beantworten kannst. Nicht viele? Dann lies schnell weiter, denn anschließend weißt du sicher über deinen Körper Bescheid.

Viel Spaß bei deiner abenteuerlichen Reise in den Körper wünscht dir deine
Dr. Ursula Keicher

Das Skelett ist ein stabiles Gerüst. Es hält uns aufrecht und schützt die empfindlichen inneren Organe.

Wo liegt was in deinem Körper

Die Seitenangaben verweisen auf Textstellen in diesem Buch.

1 Luftröhre
Nach dem Einatmen durch Nase oder Mund gelangt die Atemluft über die Luftröhre in die Bronchien – und von dort aus in die Lunge. (Seiten 16–19).

2 Bronchien
Von der Luftröhre strömt die Atemluft in die Bronchien, an deren Enden die Lungenbläschen sitzen (Seiten 17, 18).

3 Lunge
Die Lunge besteht aus den zwei Lungenflügeln. Sie sorgt dafür, dass der mit der Luft eingeatmete Sauerstoff in das Blut übergeht (Seiten 16–19).

4 Herz
Das Herz ist ein starker, faustgroßer Muskel, der das Blut in die Blutgefäße und damit durch deinen ganzen Körper pumpt (Seiten 14, 15).

5 Speiseröhre
Nach dem Zerkauen und Schlucken rutschen Gummibärchen, Banane, Spaghetti, oder was du gerade gegessen hast, durch die Speiseröhre in den Magen (Seiten 50, 51).

6 Magen
In diesem sackförmigen Organ wird mit Hilfe der Magensäfte die Nahrung in ihre Bestandteile zerlegt (Seiten 50, 51).

7 Leber
Die Leber entgiftet unseren Organismus und scheidet Gallensaft aus (Seiten 51, 53).

8 Gallenblase
Eine Drüse am unteren Leberlappen, die den Gallensaft produziert, der bei der Fettverdauung hilft (Seiten 52, 53).

9 Bauchspeicheldrüse
Die Bauchspeicheldrüse stellt Verdauungssäfte und Insulin her (Seiten 51, 52).

10 Dünndarm
Durch feine Ausbuchtungen der Darmwand gelangen hier die Nährstoffe des Speisebreis in das Blut (Seiten 51, 52).

11 Dickdarm
Wasser und Mineralien werden von dort über die Darmwand ins Blut geleitet (Seiten 51, 52).

12 Blinddarm
Das ist die sackförmige Verlängerung des Dickdarms. Wenn sich der Wurmfortsatz des Blinddarms entzündet, muss er entfernt werden (Seiten 51, 52).

13 Harnleiter
Von den Nieren herausgefilterte Abfallstoffe werden als Urin über die Harnleiter an die Blase abgeführt (Seiten 54, 55).

14 Blase
In der Blase sammelt sich der von den Nieren ausgeschiedene wässrige Urin (Seiten 54, 55).

15 Harnröhre
Über die Harnröhre wird der Urin entleert (Seiten 54, 55).

16 After
Hier werden unverdauliche Reste der aufgenommenen Nahrung ausgeschieden (Seiten 51, 52).

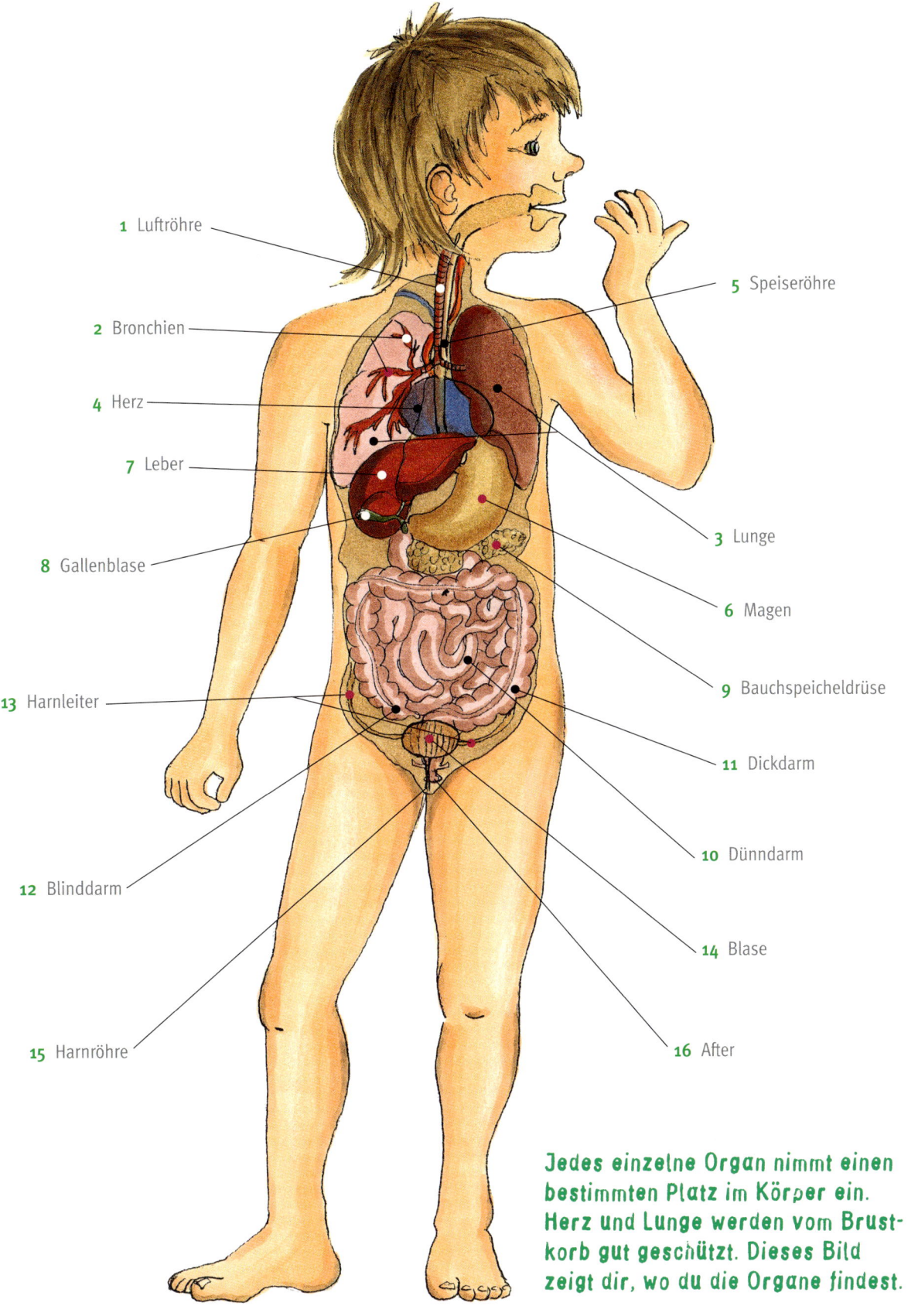

1 Luftröhre

5 Speiseröhre

2 Bronchien

4 Herz

7 Leber

3 Lunge

8 Gallenblase

6 Magen

9 Bauchspeicheldrüse

13 Harnleiter

11 Dickdarm

10 Dünndarm

12 Blinddarm

14 Blase

15 Harnröhre

16 After

Jedes einzelne Organ nimmt einen
bestimmten Platz im Körper ein.
Herz und Lunge werden vom Brustkorb gut geschützt. Dieses Bild
zeigt dir, wo du die Organe findest.

9

Der Blutkreislauf

Damit wir leben können, müssen alle unsere Organe ständig mit Sauerstoff und Nährstoffen versorgt werden. Als Transportmittel dient das Blut. Es wird vom Herzen durch ein weit verzweigtes System aus so genannten Blutgefäßen gepumpt und gelangt so auch an die abgelegensten Stellen des Körpers. Zu den Blutgefäßen gehören Arterien und Venen. In den Arterien fließt das mit Sauerstoff und Nährstoffen angereicherte Blut vom Herzen weg, in den Venen wird das verbrauchte Blut zum Herzen zurückgeführt. So entsteht der Blutkreislauf, in dem das Blut ständig fließt.

Das Blut

Rund fünf Liter Blut fließen in deinen Arterien und Venen, dabei benötigt der wertvolle Saft nur etwa eine Minute, um einmal durch den ganzen Körper zu strömen. Seine Farbe erhält das Blut von den so genannten roten Blutkörperchen, die einen roten Farbstoff enthalten. Übrigens sehen diese Blutkörperchen ein bisschen aus wie fliegende Untertassen, denn sie sind scheibenförmig und in der Mitte leicht eingedellt. Außerdem sind die roten Blutkörperchen ständig auf Reisen. Sie transportieren nämlich den Sauerstoff zu allen Organen des Körpers – also quasi vom Kopf bis zu den Zehenspitzen. Zunächst fließen sie mit ihrer Ladung durch dicke Adern, genannt Arterien, die sich allmählich immer weiter verzweigen und dünner werden, bis die Wände schließlich nur noch einen Hunderdstel Millimeter messen. In diesen so genannten Kapillaren – ein normal großer Mensch besitzt Kapillaren von insgesamt etwa 100 000 km Gesamtlänge – kann der Sauerstoff durch winzige Spalten in der Gefäßwand in die Zellen treten. Diese kleinen Kraftwerke unseres Körper brauchen Sauerstoff, um Zucker zu verbrennen und damit für den Körper Kraft zum Bewegen und Denken zu produzieren. Bei der Verbren-

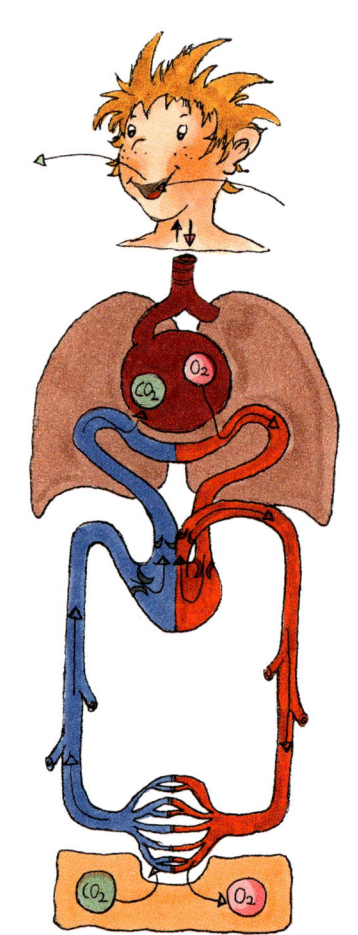

Das Blut transportiert den Sauerstoff vom Herzen aus in alle Körperteile und bringt Kohlendioxid zurück.

nung entsteht der Abfallstoff Kohlendioxid, der von den roten Blutkörperchen wieder aufgeladen und abtransportiert wird. Über die Venen fließt das Blut mit den Abfallstoffen zum Herzen und gelangt zu feinsten Blutgefäßen der Lunge. Hier wird das Kohlen-

zum Beispiel auch die Nährstoffe, die wir über unsere Nahrung aufnehmen und die zu den Zellen gelangen müssen.

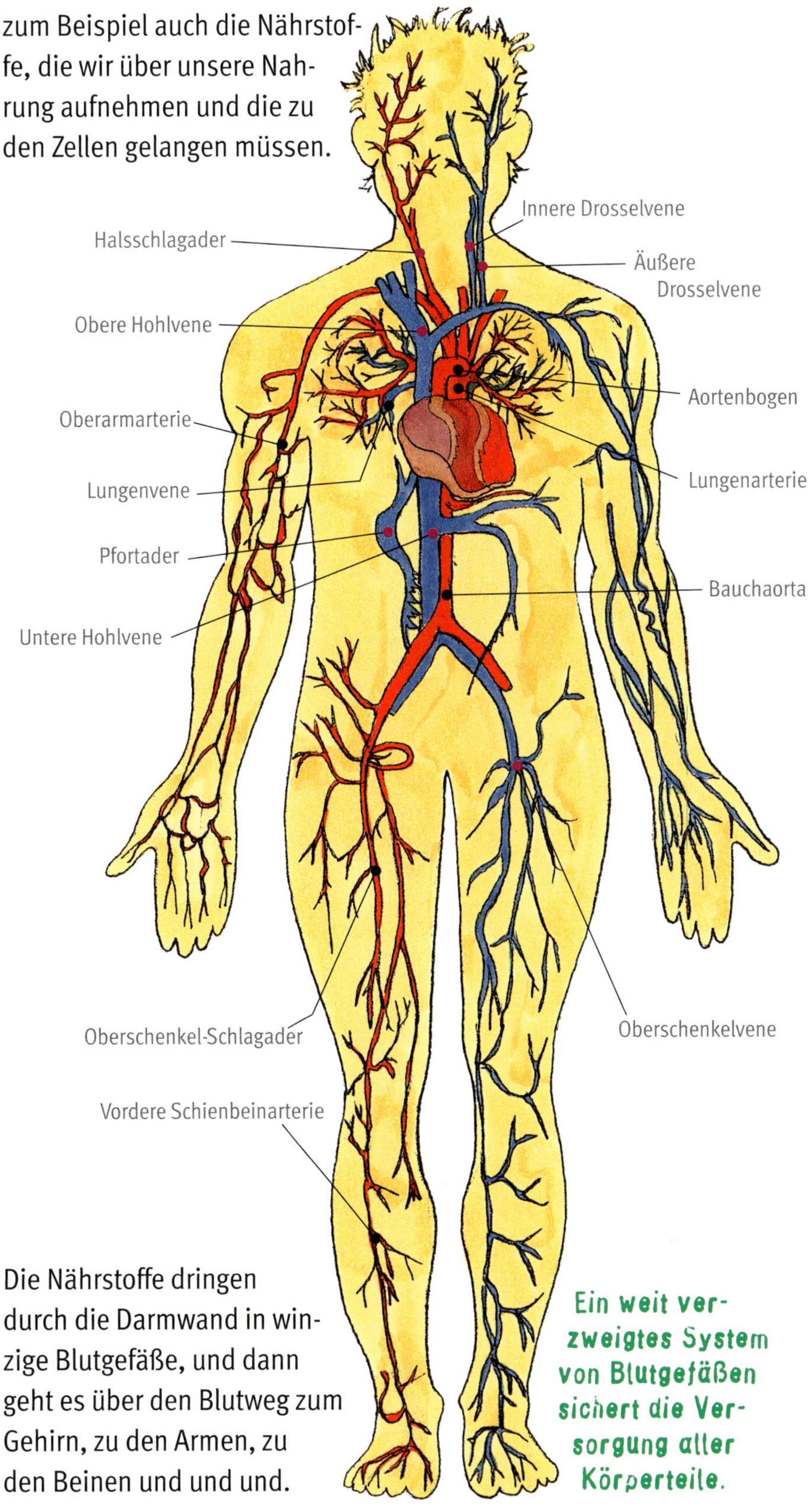

Den Transport von Sauerstoff (O₂) und Kohlendioxid (CO₂) übernehmen die roten Blutkörperchen.

dioxid abgegeben und neuer Sauerstoff aufgetankt.

So versorgt das Blut deinen Körper

Über das Blut wird aber nicht nur Sauerstoff befördert, sondern einfach alles, was von hier nach dort gelangen soll – also

Die Nährstoffe dringen durch die Darmwand in winzige Blutgefäße, und dann geht es über den Blutweg zum Gehirn, zu den Armen, zu den Beinen und und und.

Innere Drosselvene

Halsschlagader

Äußere Drosselvene

Obere Hohlvene

Aortenbogen

Oberarmarterie

Lungenarterie

Lungenvene

Pfortader

Bauchaorta

Untere Hohlvene

Oberschenkel-Schlagader

Oberschenkelvene

Vordere Schienbeinarterie

Ein weit verzweigtes System von Blutgefäßen sichert die Versorgung aller Körperteile.

Gleichzeitig werden die Abfallstoffe auch wieder von den Zellen ins Blut zurückgegeben. Mit dieser schmutzigen Ladung geht es dann weiter in Richtung Niere. Die Niere ist das große Klärwerk unseres Körpers. Sie filtert alle giftigen Stoffe aus dem Blut.

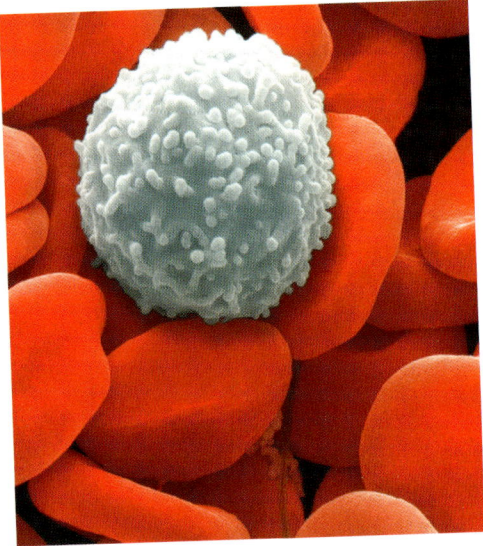

Die weißen Blutkörperchen im Blut wehren Krankheitserreger ab.

Schutzpolizei des Blutes

In deinen Adern geht es nicht immer friedlich zu. Wenn Feinde wie Bakterien oder Viren heimlich in dein Blutsystem eindringen, dauert es nicht lange, bis die Blutpolizei zur Stelle ist. Es gibt sehr viele verschiedene Ar-

ten von Blutpolizisten. Manchmal muss zunächst ein Polizist dem anderen Meldung geben, damit dieser dann den Feind direkt angreifen kann. Als Blutpolizisten treten die weißen Blutkörperchen auf. Zusammen mit verschiedenen Botenstoffen bilden sie das Abwehrsystem deines Körpers. Übrigens können diese weißen Polizisten auch aus den Adern herausrutschen, wenn der Körper sie außerhalb des Blutgefäßsystems braucht – zum Beispiel wenn in deiner Haut ein Mitesser sitzt. Ganz schön clever, was?

Was passiert, wenn du blutest

Wenn du nach einer Verletzung blutest, heißt dies, dass an dieser Stelle eine Ader undicht ist. Verliert der Körper viel Blut, kann dies für ihn sehr bedrohlich werden, denn schließlich soll das Blut ja in einem geschlossenen Kreislauf fließen und möglichst gleichmäßig Nährstoffe und Sauerstoff verteilen. Um den Kreislauf, der durch die Verletzung nicht mehr geschlossen ist, wieder zu schließen, müssen die so genannten Blutplättchen an die

Zentralheizung

Wie können eigentlich deine Fingerspitzen warm sein, wenn du sie überhaupt nicht bewegst und die Muskeln somit gar keine Wärme produzieren? Genau – es ist wieder das Blut, das die Wärme gleichmäßig wie eine Zentralheizung in deinem Körper verteilt.

Arbeit gehen. Sie verkleben die undichte Stelle erst einmal vorläufig. Anschließend verkitten verschiedene Klebestoffe des Körpers die Wunde, sodass sie richtig heilen kann.

Blut ist nicht gleich Blut – die Blutgruppen

Früher wurde Menschen, die viel Blut verloren hatten, das Blut anderer Menschen übertragen, um den Blutvorrat wieder aufzufüllen. Seltsamerweise ging es den Patienten nach dem

„Blutgeschenk" noch wesentlich schlechter als vorher, ja viele starben daraufhin sogar. Erst um 1900 fand man den Grund dafür: Der Arzt Karl Landsteiner entdeckte, dass auf den roten Blutkörperchen chemische Stoffe sitzen, nach denen man Blut in bestimmte Gruppen unterscheiden kann. Man hat daraufhin die Blutgruppen A, B, AB und O benannt.

Blut unterschiedlicher Gruppen verträgt sich nicht. Wenn du nun zum Beispiel von jemandem Blut bekommst, der auf seinen roten Blutkörperchen ganz andere Stoffe trägt als du auf deinen, dann antwortet der Körper mit Abwehr. Es kommt zum Kampf, der auch tödlich enden kann. Um diese Gefahr auszuschlie-

ßen, testet man bei einem Unfallopfer zuerst die Blutgruppe und bestimmt, welches Blut zu seinem Blut passt und ihm nicht schadet. Ist das geeignete Blut gefunden, muss es natürlich noch auf Keime geprüft werden, die Krankheiten wie Hepatitis oder Aids übertragen könnten. Dazu werden eine Reihe von Tests durchgeführt. Erst wenn die Ärzte sicher sind, dass keine Gefahr für das Unfallopfer droht, wird Blut übertragen.

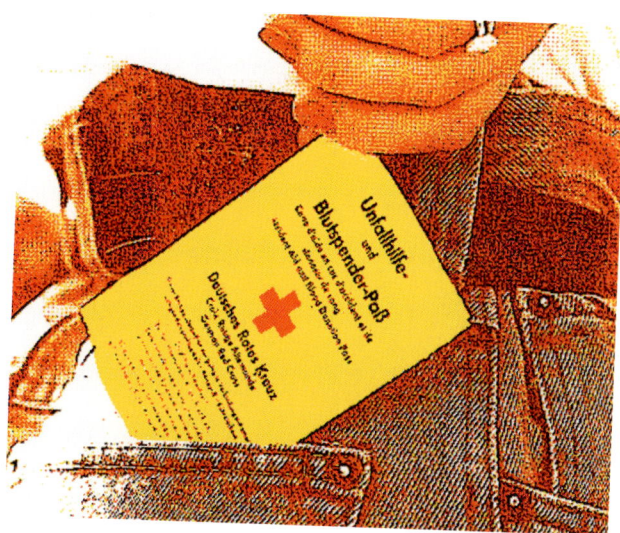

Der Blutgruppenpass vermerkt alle wichtigen Daten des Bluts.

Unschön verfärbt

Wenn du dich an etwas stößt, tut dies nicht nur weh. Manchmal wird die Stelle, an der du dich gestoßen hast, auch noch ordentlich blau, später sogar grün und gelb. Wie kommt das? Bei einem Stoß werden winzige Äderchen verletzt, aus denen Blut austritt. Je nachdem, wie tief dieses Blut unter der Haut liegt, erscheint ein rötlicher oder bläulicher Fleck. Da das Blut ja nicht an diese Stelle außerhalb des Gefäßsystems gehört, wird es mit der Zeit vom Körper zer-

setzt. Die Abbauprodukte des Blutes aber sind nicht wie das Blut rot, sondern grünlich und gelblich gefärbt, sodass auch der Fleck unter der Haut diese schicken Farben annimmt.

Rot wie eine Tomate

Hat dein Gesicht auch schon mal die Farbe einer Tomate angenommen, wenn dir etwas oberpeinlich war? Das hat einen einfachen Grund: Wenn du nervös bist, produziert der Körper Stoffe, welche die Blutgefäße dicht unter der Haut erweitern. Jetzt kann viel Blut in sie strömen, und dieses färbt dein Gesicht rot.

Die Blutfabrik

Als du noch im Bauch deiner Mama warst, waren deine Milz und deine Leber für die Produktion der Blutkörperchen und Blutplättchen zuständig. Später zieht diese Werkstatt ins Knochenmark um.

Das Herz

Das Herz ist der Motor deines Körpers. Es pumpt Tag und Nacht, von den ersten Wochen deines Daseins im Mutterleib an, das Blut durch den ganzen Körper. Genauer handelt es sich beim Herzen um einen faustgroßen Muskel, der sich ungefähr einmal pro Sekunde zusammenzieht und dabei das Blut in die Arterien pumpt. Anschließend entspannt er sich wieder, sodass verbrauchtes Blut aus den Venen in das Herz nachfließen kann.

Höchstleistung

Eine Blutzelle deines Körpers wandert innerhalb von nur einer Minute einmal durch den ganzen Körper. Würde man alles Blut sammeln, das dein Herz während eines ganzen Tags pumpt, dann kämen rund 10 000 Liter zusammen – so viel Flüssigkeit passt in einen großen Tanklastwagen.

Dieses Pumpen ist als Herzschlag spürbar. Du kannst den Herzschlag als Puls an deinem Handgelenk fühlen. So oft, wie du einen kleinen Druck dort merkst, so oft schlägt auch dein Herz. Es schlägt aber nicht immer gleich schnell. Wenn du rennst, muss dein Herz viel schneller schlagen, als wenn du schläfst, weil deine Körperorgane mehr Sauerstoff benötigen. Und den bekommen sie nur, wenn mehr sauerstoffbeladenes Blut durch sie fließt, deine „Pumpe" also schneller arbeitet. Für die Häufigkeit des Herzschlags sind das Gehirn und verschiedene Hormone zuständig. Übrigens schlägt das Herz eines Babys viel schneller als deines, und zwar fast doppelt so schnell.

So arbeitet dein Herz

Das Herz besteht aus zwei Hohlräumen, die Kammern genannt werden. Diese Kammern sind jeweils durch Klappen mit kleineren Räumen verbunden, die Vorhöfe heißen. Die Klappen kann man sich als kleine elastische Türen vorstellen, die auf- oder zugemacht werden. Sie schließen absolut dicht. Wenn das Herz nicht angespannt ist, fließt Blut, das bereits seinen Sauerstoff an die Organe abgegeben hat und nun mit Kohlendioxid beladen ist, aus den Venen in den rechten Vorhof. Gleichzeitig strömt frisch mit Sauerstoff bepacktes Blut aus der Lunge in den linken Vorhof nach. Nun spannen sich die Muskeln um die Vorhöfe herum an. Dabei öffnen sich die Klappen zwischen Vorhöfen und Kammern und das Blut strömt in die Kammern hinein. Dann ziehen sich die Muskeln um die Herzkammern herum zusammen und pressen das Blut weiter. Von der rechten Kammer aus wird das sauerstoffarme Blut über eine dicke Arterie in die Lunge zum „Wiederauftanken von Sauerstoff" gepumpt, und aus der linken Herzkammer wird das Blut ebenfalls über ein dickes Blutgefäß in die Arterien der Körperorgane gepresst. Zwischen den Herzkammern und den dicken Blutgefäßen sitzen wiederum Klappen, die sich erst öffnen müssen, bevor das Blut herausströmen kann.

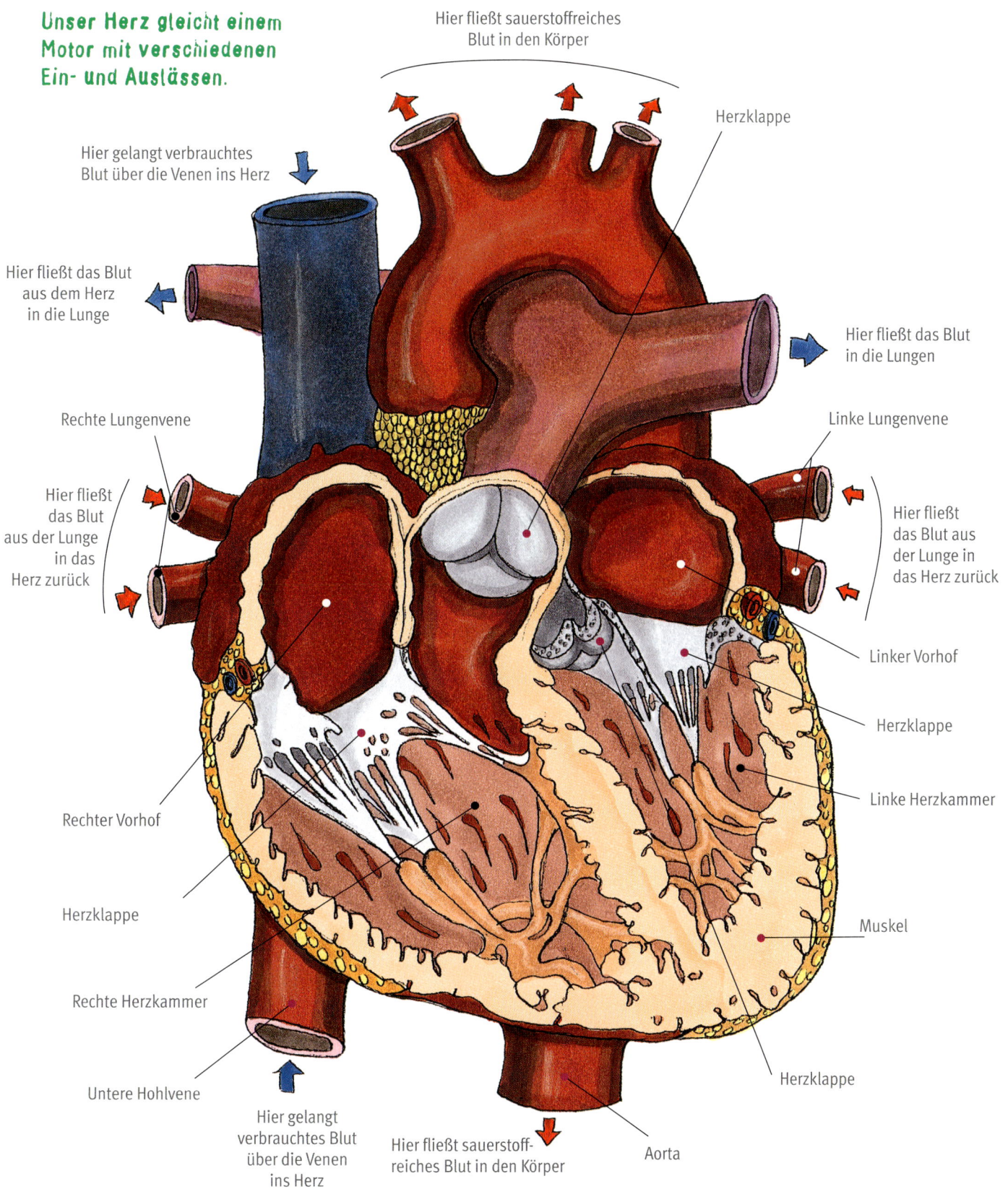

Unser Herz gleicht einem Motor mit verschiedenen Ein- und Auslässen.

Hier fließt sauerstoffreiches Blut in den Körper

Herzklappe

Hier gelangt verbrauchtes Blut über die Venen ins Herz

Hier fließt das Blut aus dem Herz in die Lunge

Hier fließt das Blut in die Lungen

Rechte Lungenvene

Linke Lungenvene

Hier fließt das Blut aus der Lunge in das Herz zurück

Hier fließt das Blut aus der Lunge in das Herz zurück

Linker Vorhof

Herzklappe

Linke Herzkammer

Rechter Vorhof

Herzklappe

Muskel

Rechte Herzkammer

Herzklappe

Untere Hohlvene

Hier gelangt verbrauchtes Blut über die Venen ins Herz

Hier fließt sauerstoffreiches Blut in den Körper

Aorta

Die Atmung

Wenn du einen Tag lang nichts isst, hält das dein Körper trotzdem aus. Und wenn du einen Tag lang nichts trinkst, ist das zwar ungesund, aber sterben musst du nicht. Wer jedoch nicht ausreichend mit Luft versorgt wird, kann nur wenige Minuten überleben. Schon einige Stunden, in denen das Gehirn nicht genügend mit Sauerstoff versorgt wird, können es schwer schädigen.

Sauerstoff - transport

Um genau zu sein, braucht dein Körper gar nicht die ganze Luft, sondern nur den Sauerstoff, der in der Luft enthalten ist. Da die Zellen ihn zur Herstellung von „Kraftstoff" für den Körper benötigen, muss er zu ihnen gelangen. Und das geht so: Erst

einmal atmen wir ein, das heißt, man müsste eigentlich sagen, dass wir meistens „geatmet werden", da wir ja nicht darüber nachdenken müssen, ob wir atmen. Ganz automatisch hebt und senkt sich unser Brustkorb. Zuständig dafür sind kleine Muskeln, die zwischen den Rippen sitzen, sich zusammenziehen und dann wieder erschlaffen. Außerdem helfen dabei auch noch das Zwerchfell und bei tiefer Atmung auch ein paar Brustmuskeln mit.

Beim Foto bitte einatmen

Wenn deine Lunge geröntgt werden soll, musst du erst ganz fest einatmen und dann die Luft anhalten, bis das Röntgenbild geknipst wurde. Wenn du einatmest, zieht sich nämlich dein Zwerchfell nach unten zusammen, und die Lunge kann sich ganz weit ausdehnen. So sieht man am besten, ob zum Beispiel die Lunge entzündet ist.

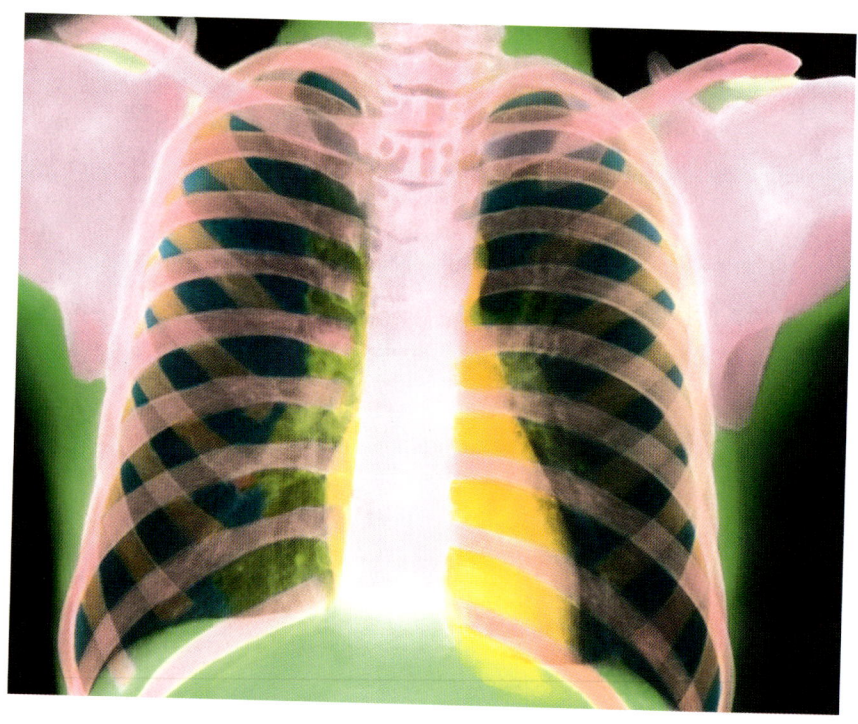

Das Röntgenbild zeigt die beiden kegelförmigen Lungenflügel, die einen großen Teil des Brustraums ausfüllen.

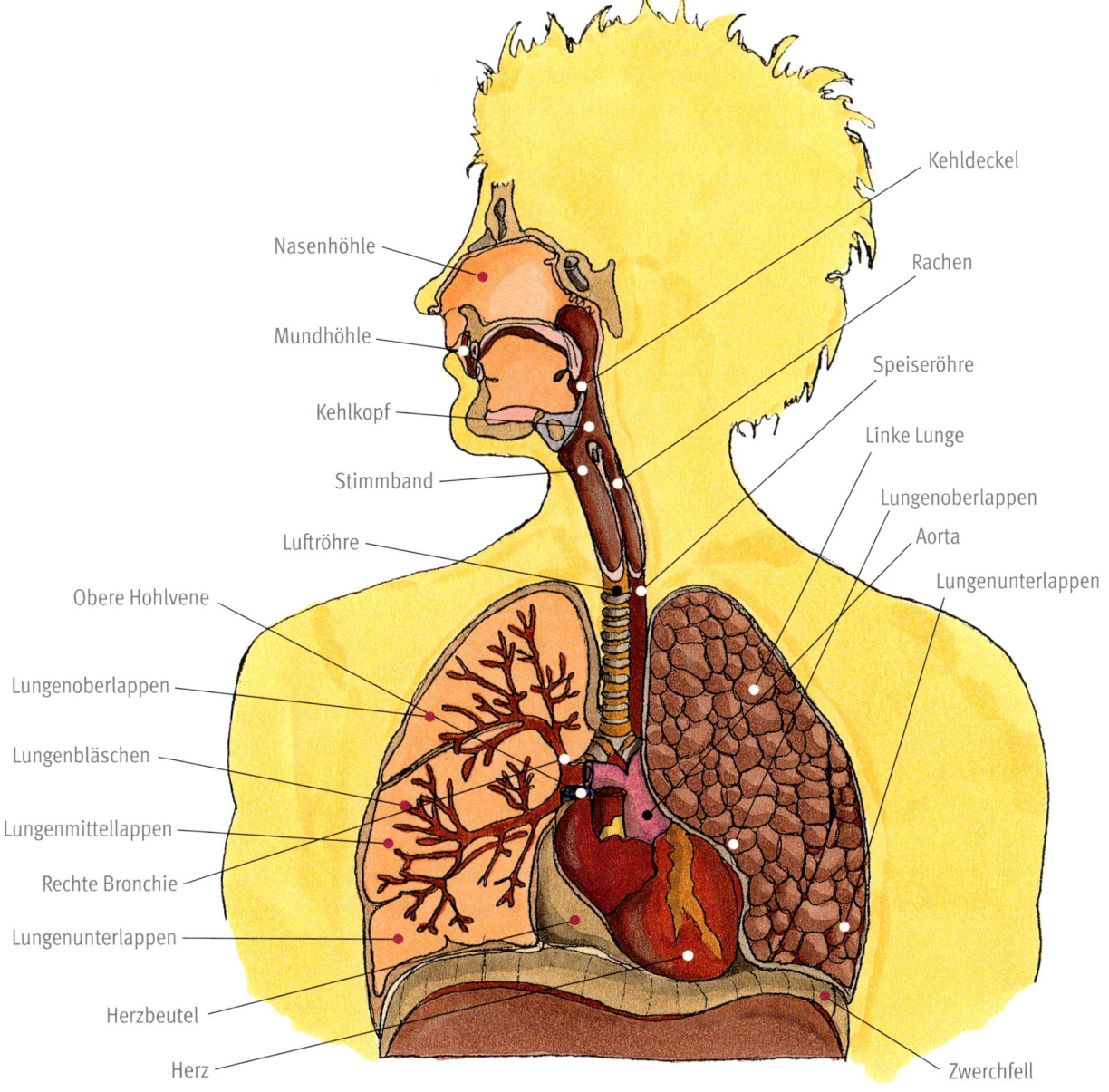

Kehldeckel

Nasenhöhle

Rachen

Mundhöhle

Speiseröhre

Kehlkopf

Linke Lunge

Stimmband

Lungenoberlappen

Luftröhre

Aorta

Obere Hohlvene

Lungenunterlappen

Lungenoberlappen

Lungenbläschen

Lungenmittellappen

Rechte Bronchie

Lungenunterlappen

Herzbeutel

Herz

Zwerchfell

Die über Nase und Mund eingeatmete Luft wird zur Lunge geleitet.

Luft: erster oder zweiter Klasse?

Beim Einatmen wird die Luft angesaugt und gelangt erst einmal in die Nase und/oder in den Mund. Beim Atmen durch die Nase kommt die Luft quasi erster Klasse in der Lunge an, da auf diesem Weg noch zusätzlich eine Heizung und eine Reinigungsanlage eingebaut sind. In der Nase wird die Luft nämlich durch den längeren Weg noch schön angewärmt. Deshalb ist es besonders bei kaltem Wetter ratsam, durch die Nase zu atmen. Außerdem bleiben bei der Nasenatmung viele Schmutz- und Staubteilchen aus der Luft in den winzigen

Härchen der Nase hängen – die Luft gelangt also viel sauberer als über den „Mundweg" nach unten in die Luftröhre und weiter in das Bronchialsystem der Lunge.

Wirksame Reinigung

Die Luft aus Nase und Mund sammelt sich, und dann führt die Reise weiter durch den Kehlkopf in die Luftröhre. An ihrer Innenwand sitzen winzige Härchen, die immer in eine Richtung, und zwar nach oben zeigen. Diese winzigen fleißigen „Kaminkehrer" sind ebenfalls dazu da, die Luft von Schmutzteilchen zu reinigen. Wenn sich

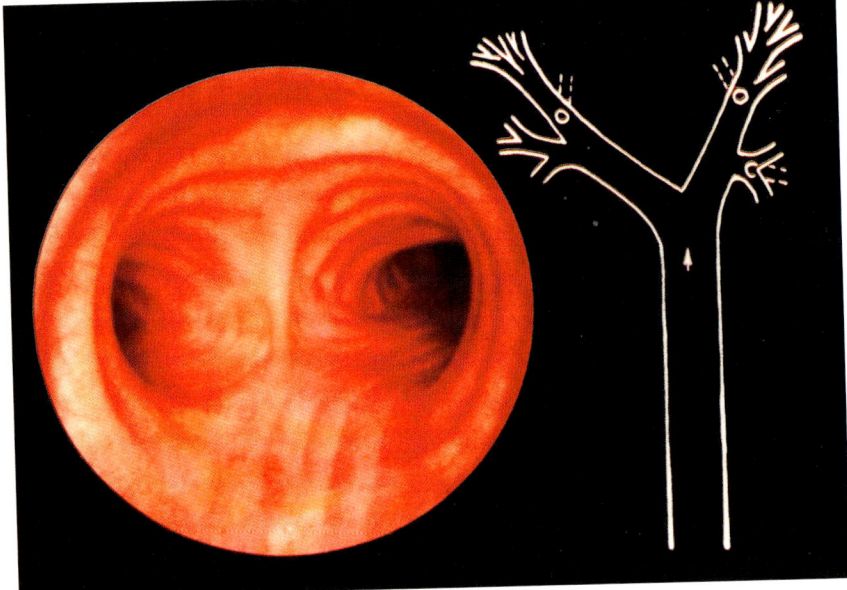

Die Luft strömt durch die Luftröhre, die sich in zwei dünne Röhren verzweigt (Bronchien), in die beiden Lungenflügel.

Durch Niesen werden Staubteile aus den Luftwegen entfernt.

übrigens größere Staubteile oder Störenfriede einmal in deinen Atemwegen verirrt haben, musst du ganz automatisch niesen. Dann werden die Teilchen wie durch eine riesige Windböe wieder herausgeschleudert.

Röhrensystem

Die Luftröhre verzweigt sich in zwei dünnere Röhren, die Bronchien heißen. Jede Bronchie führt in einen Lungenflügel. Dort teilt sie sich in immer kleiner werdende Röhrchen auf,

ähnlich wie ein Baum, dessen Stamm in Ästen mit feinsten Zweigen endet. An den winzigsten Röhrchen dieses System sitzen schließlich klitzekleine Bläschen.

Mit Absicht nicht ganz dicht

Um diese Bläschen herum schlängeln sich feinste Blutgefäße, die Kapillaren heißen. Und wie kommt jetzt endlich der Sauerstoff zu den Zellen, wirst du nun fragen. Ganz recht, das geht so: Die winzigen Lungenbläschen sind nicht absolut dicht. Sie haben kleine Löcher, die nur den Sauerstoff aus der eingeatmeten Luft hindurchlassen, sodass er durch wiederum winzige Löchlein in die Blutkapillaren hineinkriechen kann, die dicht um das Bläschen herum liegen. In den Bläschen schwimmen rote Blutkörperchen und beladen sich mit der Sauerstofffracht. Diese kann nun zum Herzen und von dort zu den Körperzellen transportiert werden.

Müllentsorgung

Gleichzeitig sind die roten Blutkörperchen aber auch die Müllabfuhr, denn sie holen den Abfallstoff, nämlich Kohlendioxid, von den Zellen wieder ab. Von

dort aus schleppen sie ihn über das Herz wiederum bis zu den kleinen Kapillaren, die an den Lungenbläschen liegen. Und dann läuft das Ganze einfach umgekehrt. Das Kohlendioxid kann genauso wie der Sauerstoff durch undichte Stellen der Kapillaren sowie der Lungenbläschen hindurchtreten und wird dann über die Bronchien, die Luftröhre und schließlich über Mund und Nase ausgeatmet. Ebenso wie das Einatmen geschieht auch das Ausatmen ganz automatisch, und wir müssen diesen Vorgang nicht ständig bewusst kontrollieren.

Bei Bedarf mehr Luft

Wenn du ganz ruhig dasitzt und zum Beispiel ein tolles Buch liest, dann atmest du ungefähr 10 bis 15 Mal in einer Minute. Wenn du aber ein Rollerblade-Wettrennen mit deinem Freund veranstaltest, dann benötigen deine Muskeln viel mehr Sauerstoff. Du atmest in diesem Fall unwillkürlich schneller, um mit der eingeatmeten Luft mehr Sauerstoff zu den Muskeln zu befördern.

Ein Tennisplatz

In den Lungenflügeln sitzen ungefähr 300 Millionen Lungenbläschen. Wenn man diese nebeneinander legen würde, könnte man einen ganzen Tennisplatz damit abdecken.

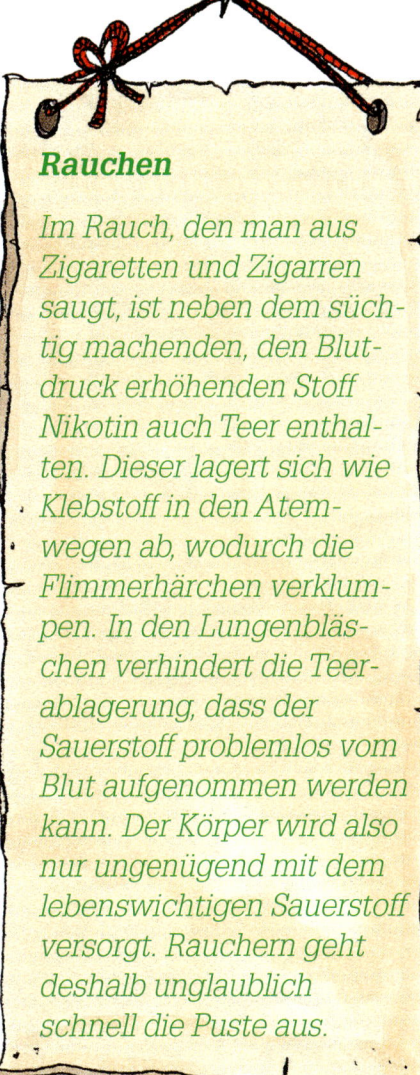

Rauchen

Im Rauch, den man aus Zigaretten und Zigarren saugt, ist neben dem süchtig machenden, den Blutdruck erhöhenden Stoff Nikotin auch Teer enthalten. Dieser lagert sich wie Klebstoff in den Atemwegen ab, wodurch die Flimmerhärchen verklumpen. In den Lungenbläschen verhindert die Teerablagerung, dass der Sauerstoff problemlos vom Blut aufgenommen werden kann. Der Körper wird also nur ungenügend mit dem lebenswichtigen Sauerstoff versorgt. Rauchern geht deshalb unglaublich schnell die Puste aus.

Auch wenn wir müde sind, hilft uns eine zusätzliche Sauerstoffzufuhr, denn dann sammelt sich vermehrt Kohlendioxid im Blut an. Damit wieder mehr Sauerstoff ins Blut befördert wird, gähnen wir automatisch, das heißt, wir holen tief Luft und nehmen damit eine größere Portion Sauerstoff auf.

Das Gehirn

Wenn du dir dein Gehirn einmal anschauen könntest, wärst du ganz schön enttäuscht – es ist nämlich nur ein rosafarbenes, relativ wabbeliges Teil. Das Gehirn sieht zwar unscheinbar aus, tatsächlich handelt es sich bei diesem Organ aber um einen genialen Computer, der den gesamten Körper steuert und für unser Denken, Fühlen und Handeln zuständig ist. Selbst den besten Forschern und Technikern der Welt ist es bisher noch nicht gelungen, einen Computer zu bauen, der so tolle Leistungen erbringt wie unser Gehirn.

Die Gehirnteile

Das Gehirn eines Erwachsenen wiegt ungefähr 1,5 kg, und es ist mit Flüssigkeit gefüllt.
Das wabbelige Etwas muss gut geschützt werden. Deshalb liegt es eingebettet in den harten Schädelknochen und wird von drei Häuten umgeben. Legt man das Gehirn frei, erkennt man zunächst nur Furchen und Falten sowie eine längs verlaufende Rinne, die das Organ in zwei Hälften trennt. Tatsächlich aber besteht das Gehirn aus mehreren Teilen: dem Großhirn, dem Kleinhirn und dem Hirnstamm. Untersucht man Schnitte des Gehirns unter dem Mikroskop, sieht man lauter kleine miteinander verbundene Nervenzellen. Mehr ist nicht zu sehen.

Das Großhirn

Das Großhirn ist der größte Teil des Gehirns. Es setzt sich aus zwei Hälften zusammen, die durch Verbindungsbahnen miteinander vernetzt sind. In diesen wird verarbeitet, was du denkst, fühlst, siehst, hörst, riechst, tastest oder schmeckst. Außerdem brauchst du das Großhirn, um etwas zu lernen und dich später an das Gelernte wieder zu erinnern. Wissenschaftler haben auch die Oberfläche des Großhirns, die so genannte Großhirnrinde, genau untersucht. Dabei kam heraus, dass bestimmte Abschnitte der Großhirnrinde die Nervensignale von ganz bestimmten Körperteilen empfangen. So gibt es zum Beispiel ein

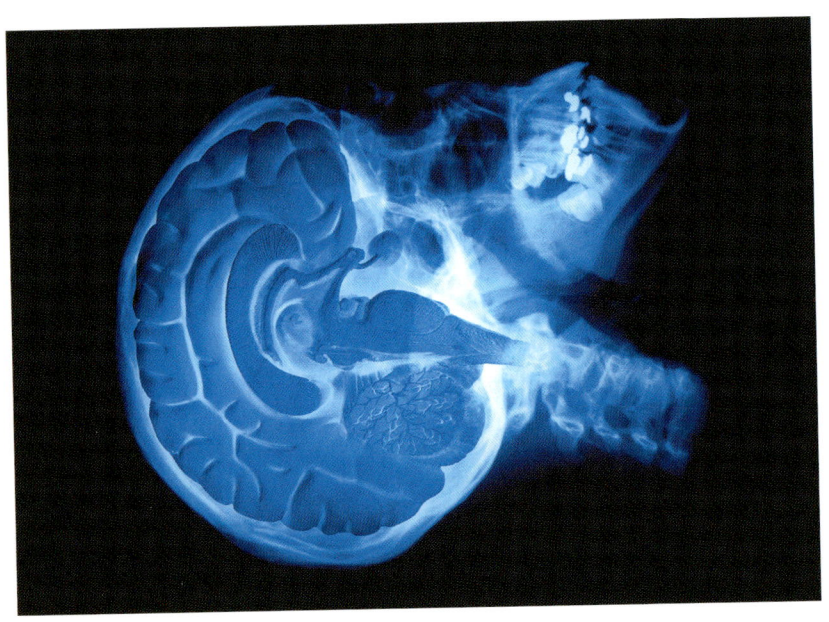

Die Gehirnspintomographie schafft Einblick in den Schädel.

Einzelne Regionen des Gehirns sind für ganz bestimmte Aufgaben zuständig.

1 Verhalten und Gefühle
2 Feinmotorik
3 Grundbewegung
4 Empfindungen
5 Visuelle Wiedererkennung
6 Sehvermögen
7 Kleinhirn: Gleichgewicht und Muskelkoordination
8 Hören
9 Sprache

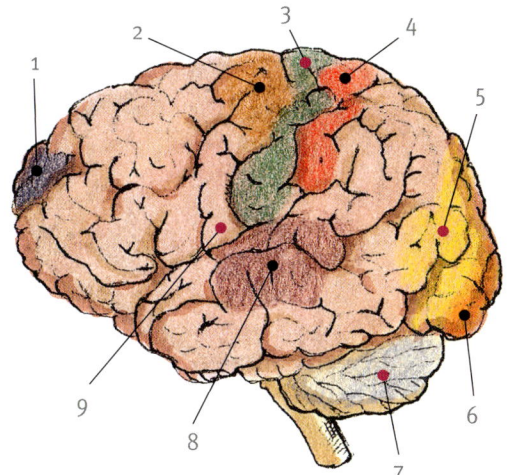

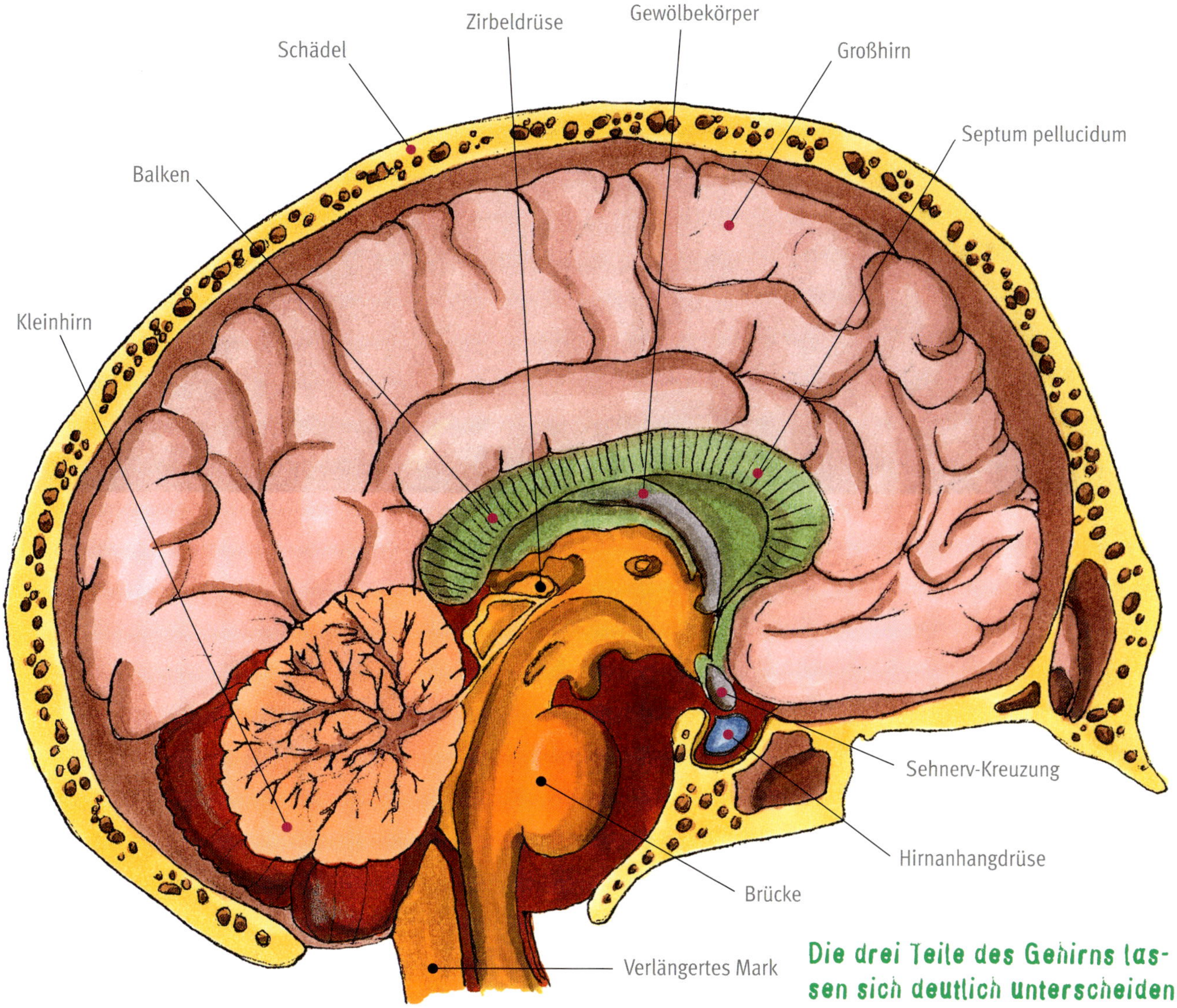

Schädel
Zirbeldrüse
Gewölbekörper
Großhirn
Septum pellucidum
Balken
Kleinhirn
Sehnerv-Kreuzung
Hirnanhangdrüse
Brücke
Verlängertes Mark

Die drei Teile des Gehirns lassen sich deutlich unterscheiden.

Zentrum für Sprache, eines für das Sehen, eines für das Hören, eines für Bewegung und so weiter. Man kann daraus eine ganze Landkarte auf der Großhirnrinde erstellen.

Das Kleinhirn

Das Kleinhirn befindet sich in deinem Hinterkopf unter dem Großhirn. Es überprüft und regelt dein Gleichgewicht und kontrolliert deine Körperbewegungen. Über den so genannten

Im Gehirn werden Informationen aus den unterschiedlichsten Körperteilen verarbeitet.

Ständig in Aktion

Dein Gehirn arbeitet ständig, selbst wenn du schläfst. Dann muss es nämlich auch darauf achten, dass du richtig atmest, dass deine Verdauung funktioniert und dass dein Herz schlägt.

Hirnstamm ist es mit dem Großhirn verbunden.

Der Hirnstamm

Dieser Gehirnteil steuert deine Atmung, deinen Herzschlag, deine Verdauung, dein Hunger- und Durstgefühl sowie den Wach-Schlaf-Rhythmus. Wird dieser Teil des Gehirns verletzt, hat das sehr schlimme Folgen, da die lebenswichtigen Organe betroffen sind.

Nachrichten- übermittlung

Das Gehirn besteht aus Milliarden von Nervenzellen. Diese erhalten ständig Nach-

richten von allen Teilen des Körpers, etwa vom Auge, den Muskeln oder der Haut. Als Leitungsbahnen für diese Nachrichten dienen die Nerven, auf die wir später zu sprechen kommen. Ähnlich wie Telefonkabel übermitteln sie Informationen an das Gehirn, gleichzeitig sendet das Gehirn über sie Befehle an die Organe. Das Gehirn ist also sozusagen der Oberboss oder die Nachrichten- und Kommandozentrale des Körpers.

Wichtiges vom Unwichtigen trennen

Trudeln verschiedene Nachrichten gleichzeitig in der „Kommandozentrale" ein, dann entscheidet das Gehirn blitz-

Volle Konzentration: „Kerzen ausblasen" steht im Vordergrund.

schnell, welche Information in diesem Moment für den Körper am wichtigsten ist. Ebenso schnell sendet es den notwendigen Befehl aus. Wenn du zum Beispiel an einer duftenden Blume riechst, zur selben Zeit aber ein Lastwagen auf dich zufährt, so wirst du den Geruch der Blume in diesem Moment nicht wahrnehmen. Vielmehr wirst du alle deine Sinne und Organe dazu benutzen, rechtzeitig vor

dem Lastwagen wegzulaufen. Die Information „duftende Blume" wird vom Gehirn eine Zeit lang unterdrückt, und der Befehl „Weglaufen" schiebt sich in den Vordergrund. Manche Dinge nimmt dein Gehirn auch

wahr, ohne dass sie dir bewusst werden. Unter Umständen dringen sie erst viel später ins Bewusstsein. Ein Beispiel: Du

Jedes Mal wenn ein Langläufer in der Spur fährt, wird es für den Nächsten noch einfacher durch den gebahnten Schnee zu fahren. Ganz ähnlich erleichtert häufiges Wiederholen auch das Erinnern.

spielst bei einem Geburtstagsfest mit Freunden. Da schaltet jemand die Musik ab, und jetzt erst merkst du, dass vorher das Radio gelaufen ist. Deine Ohren haben die Musik die ganze Zeit über empfangen, nur dein Gehirn hat sie dir nicht bewusst werden lassen.

Das Gedächtnis

Die Wissenschaftler haben noch nicht sicher herausgefunden, wie es möglich ist, dass wir uns an etwas erinnern. Doch es gibt verschiedene Vermutungen: Es könnte beispielsweise sein, dass bestimmte Dinge, die wir erlebt haben, in Form von chemischen Substanzen gespei-

chert werden und diese bei Bedarf in Aktion treten. Möglicherweise kommen Erinnerungen auch dadurch zustande, dass elektrische Signale immer wieder bestimmte Bahnen durchlaufen und somit dem Bewusstsein als Erinnerungen wieder abrufbar sind. Dies ist allerdings noch eine Theorie. Manche Dinge werden von deinem Gehirn nur für kurze Zeit behalten. Sie werden im so genannten Kurzzeitgedächtnis gespeichert. Andere Informationen kann sich ein gesunder Mensch ein Leben lang merken. So weißt du zum Beispiel immer deinen Namen; er ist im Langzeitgedächtnis gespeichert. Das Lernen ist eng mit unserem Gedächtnis

verbunden. Wenn du heute erfährst, dass 100 minus 40 die Zahl 60 ergibt, dann hast du es vielleicht morgen schon wieder vergessen – das Wissen war nur bis ins Kurzzeitgedächtnis vorgedrungen. Wenn du nun aber diese Rechnung Tag für Tag wiederholst, wirst du das Ergebnis schneller abfragen können und es wird sich über lange Zeit festsetzen. Offensichtlich können Informationen aus dem Kurzzeitgedächtnis in das Langzeitgedächtnis übertreten. Bei älteren Leuten lässt das Kurzzeitgedächtnis immer mehr nach, doch können sie sich oftmals ganz klar an Dinge erinnern, die schon sehr lange zurückliegen. Ihr Langzeitgedächtnis funktioniert also gut. Warum das so ist, weiß man nicht genau.

Das EEG

Ein EEG (Elektroenzephalogramm) ist eine Untersuchung, bei der man die elektrischen Signale deines Gehirns auf Papier aufzeichnet. Dabei entstehen verschiedene Wellenlinien. Sie zeigen dem Arzt, ob das Gehirn normal arbeitet oder ob eine Schädigung vorliegt.

Die Gehirnhälften

Wie bereits gesagt, ist das Gehirn durch eine längs verlaufende Rille in zwei Hälften geteilt. Man hat herausgefunden, dass die linke Gehirnhälfte die rechte Körperseite steuert. Die rechte Gehirnhälfte wiederum ist für die linke Körperseite zuständig. Deshalb kann es sein, dass ein Mensch, dessen linke Gehirnhälfte beispielsweise bei

Die Schreibbewegung von Rechtshändern wird von der linken Gehirnhälfte aus gesteuert.

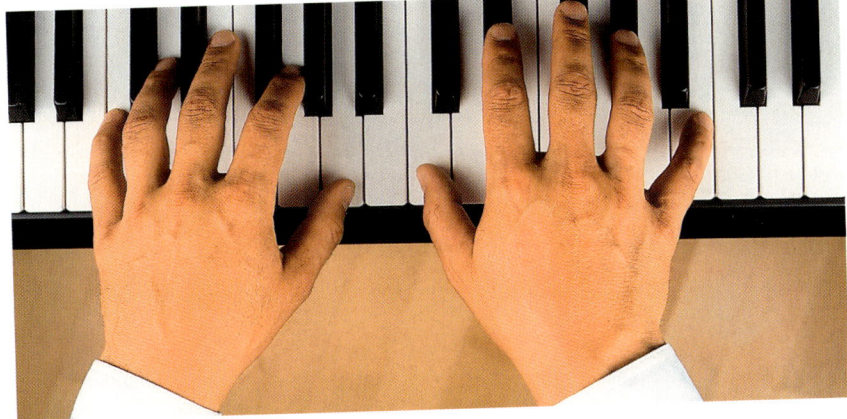

Beide Gehirnhälften arbeiten beim Spiel des Pianisten.

Anders beim Menschen: Die beiden Großhirnhälften nehmen den überwiegenden Teil unseres Gehirns ein. In ihnen spielen sich alle Denkprozesse ab, und diese sind beim Menschen – im Vergleich zum Tier – ausgesprochen kompliziert und sehr weit entwickelt.

einem Unfall verletzt wurde, sein rechtes Bein und den rechten Arm nicht mehr bewegen kann. Übrigens weiß man, dass fast immer in der linken Gehirnhälfte das Sprachzentrum liegt, während die rechte Hälfte für das Erkennen von Formen und für musikalische Fähigkeiten zuständig ist.

Gehirne im Vergleich

Nicht alle Gehirnteile sind gleich gut entwickelt. Vielmehr ist die Ausbildung der Gehirnregionen von den Fähigkeiten eines Lebewesens abhängig. Ein Vogelgehirn zum Beispiel ist in seinem mittleren Teil besonders gut entwickelt. Dort werden nämlich die verschiedenen komplizierten Bewegungsabläufe für den Vogelflug verarbeitet.

Geistesblitz – zuweilen braucht das Gehirn eine Anlaufphase.

Gedächtnistraining

⏰ Gehe jeden Abend in Gedanken deinen Tag durch. Überlege, was du der Reihe nach getan hast.

⏰ Lerne jeden Tag etwas auswendig: zum Beispiel einen lustigen Spruch, ein paar Zeilen aus einem Buch, ein Kochrezept. Probier mal, ob du dich auch nach ein paar Tagen noch daran erinnerst.

⏰ Löse täglich ein paar Rechenaufgaben im Kopf (je größer die Zahlen, desto besser).

⏰ Hilf deinem Gedächtnis auf die Sprünge, indem du Begriffe oder Namen mit einem Bild verknüpfst: Bei Herrn Kohl lässt du zum Beispiel das Bild eines Kohlkopfes entstehen.

Das Nervensystem

Damit Informationen weitergeleitet werden können, benötigt das Gehirn Anschluss an den restlichen Körper. Diesen Anschluss leistet das Rückenmark. Zusammen mit dem Gehirn bildet es das zentrale Nervensystem. Von der Unterseite des Gehirns und vom Rückenmark aus verlaufen Nerven, die zu sämtlichen Körperteilen führen und sich dort in viele immer feiner werdende Nervenästchen verzweigen. Alle diese Nerven gehören zum so genannten peripheren Nervensystem.

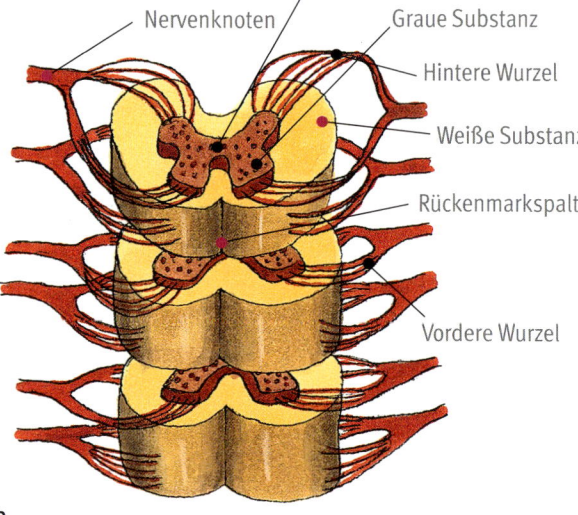

Die Nerven verteilen sich von der Wirbelsäule aus.

Das Rückenmark

Das Rückenmark ist eine Verlängerung deines Gehirns. Es besteht aus einem dicken Bündel von vielen Nerven und liegt geschützt in einem knöchernen Kanal, der in deiner Wirbelsäule verläuft. Damit es gegen Stöße abgepuffert ist, wird es von einer mit Flüssigkeit gefüllten Röhre umschlossen. Zwischen den einzelnen Wirbelkörpern zweigen aus dem Rückenmark Nerven ab, die dann zu verschiedenen Regionen deines Körpers ziehen.

Die Nerven

Die Nerven dienen als Leitungsbahnen für Signale, die zum Beispiel von den Sinnen aus in

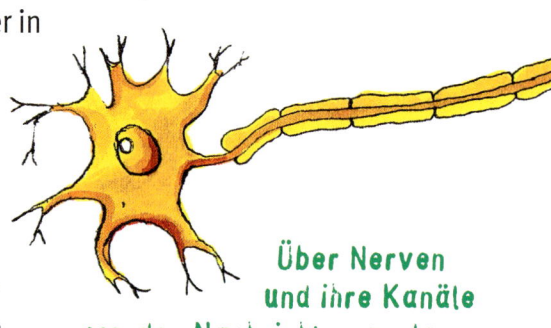

Über Nerven und ihre Kanäle werden Nachrichten an das Gehirn geleitet.

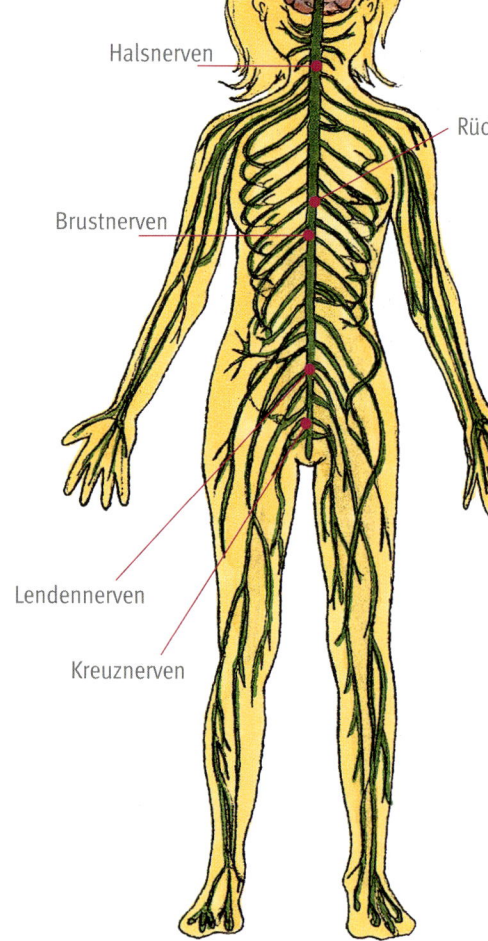

Gehirn
Halsnerven
Rückenmark
Brustnerven
Lendennerven
Kreuznerven

Ein dichtes Netz von Nerven führt in alle Körperteile.

Zentralkanal
Nervenknoten
Graue Substanz
Hintere Wurzel
Weiße Substanz
Rückenmarkspalt
Vordere Wurzel

Form von winzigen Stromimpulsen an das Gehirn und von dort aus an die Organe geleitet werden.

Nerven setzen sich aus Nervenzellen, den Neuronen, zusammen. Jede Nervenzelle besteht aus einem Zellkörper, an dem zum Teil viele kleine Ausläufer, die Fortsätze, sitzen. Über sie ist die Zelle mit anderen Nerven-

Zellleib   Zellkern

zellen verbunden. Außerdem schließt an jede Zelle ein Kanal an, der durch eine Isolierschicht geschützt wird. Er kann bis zu einem Meter lang werden.

Weiterleitung von Nachrichten

Der Zellkörper nimmt die ankommenden Signale auf und leitet sie über seinen „Nervenkanal" weiter. Durch einen dünnen Spalt gelangen die Nachrichten dann zum nächsten

Zellkörper und so weiter, bis sie am richtigen Punkt angekommen sind. Das könnte zum Beispiel ein Muskel sein, der sich dann zusammenzieht.

Reflexe

Manche Nachrichten, die der Körper von seinen Sinnesorganen erhält, werden nicht erst

dem Gehirn weitergeleitet, sondern laufen nur zum Rückenmark und werden dort direkt in einen Befehl umgesetzt. Wenn du zum Beispiel eine heiße Herdplatte berührst, ziehst du, ohne lange darüber nachzudenken, blitzschnell deine Hand

weg. Die Information „Vorsicht heiß!" wird von den Nerven, die sich in deiner Haut befinden, sofort zum Rückenmark geleitet. Dieses schickt über die Nerven einen

Befehl an den Armmuskel, dass er sich zusammenziehen soll. In Bruchteilen von Sekunden wird deine Hand zurückgezogen. Hätte die Information erst an das Gehirn geschickt und dort weiterverarbeitet werden müssen, wäre deine Hand wohl verbrannt. Solche Reaktionen, die direkt auf einen Reiz erfolgen und nicht vom Gehirn ausgehen, nennt man Reflexe.

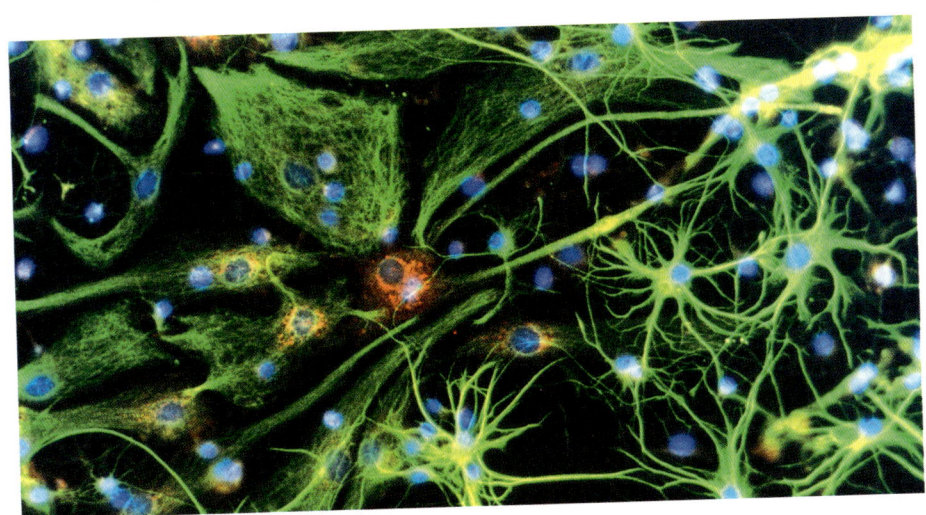

Die mikroskopische Aufnahme zeigt die Nervenzellen mit ihren unterschiedlich langen Fortsätzen, den Nervenfasern.

Die Sinne

Das Gehirn wird über das Nervensystem ständig mit Informationen versorgt. Viele dieser Informationen werden von außen an den Körper herangetragen. Als Empfänger arbeiten hier deine Sinnesorgane – die Haut, die Augen, die Ohren, die Zunge und die Nase. Mit ihnen kannst du fühlen, sehen, hören, schmecken und riechen. Darüber hinaus gibt es noch mehr Sinne, doch meist sind sie uns gar nicht bewusst. Der Gleichgewichtssinn zum Beispiel kontrolliert, ob wir stehen oder liegen. Ein anderer Sinn, der als winziger Mini-Nerven-Computer in deinen Muskeln sitzt, meldet dir auch bei geschlossenen Augen, in welcher Stellung sich gerade deine Arme und Beine befinden.

Jedes deiner Sinnesorgane schickt seine Information an ganz bestimmte Gehirnbereiche. Dort werden sie verarbeitet, dringen in dein Bewusstsein, und du merkst zum Beispiel: Oh, es riecht hier nach Orange.

Schutzengel-Bande

Deine Sinne sorgen toll für deine Sicherheit. Augen und Ohren melden an das Gehirn, wenn sich ein Auto nähert, und das Gehirn erteilt den Befehl „Stehen bleiben!". Wenn es irgendwo bei dir zu Hause brennt, riechst du den Rauch und kannst schnell um Hilfe rufen.

Dein Tastsinn, der in der Haut verborgen liegt, warnt dich vor heißen Gegenständen. Und schließlich gibt es auch noch die Zunge mit den Geschmacksknospen, die dir anzeigen, wenn zum Beispiel die Milch sauer ist.

Geschädigte Sinne

Jeder einzelne deiner Sinne trägt dazu bei, dass du dich in deiner Umwelt zurechtfinden kannst. Von besonderer Bedeutung aber sind der Hör- und der Sehsinn. Sind die Ohren oder die Augen nicht voll funktionsfähig, kann

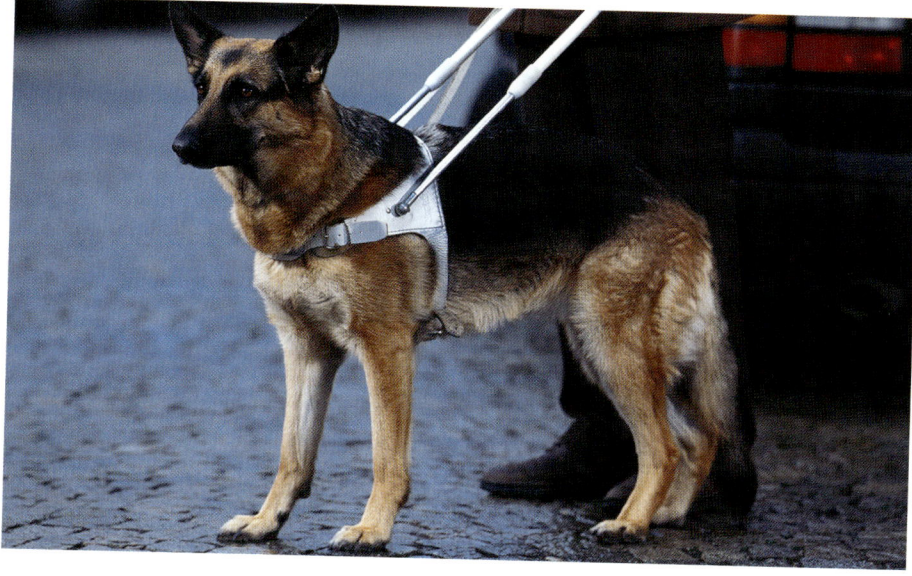

Blindenhunde erleichtern Blinden und schwer Sehbehinderten den Alltag.

dies den Alltag des Betroffenen stark beeinträchtigen. Er muss zu Hilfsmaßnahmen greifen. In Blindenschulen lernen Sehbehinderte die so genannte Braille-Schrift kennen, die sie mit den Fingern ertasten. Im Straßenverkehr hilft ihnen der Blindenstock oder ein speziell für diese Aufgabe dressierter Hund. Von Geburt an Hörgeschädigte können meistens nicht richtig sprechen, da sie nie richtiges Sprechen hören konnten. Sie erlernen in Taubstummenschulen die Zeichensprache, die sie blitzschnell mit den Fingern formen. Schwerhörige können mit Hörgeräten ihr Hörvermögen verbessern.

Hören, Schmecken, Sehen, Tasten und Riechen sind die bekanntesten Sinne des Menschen.

Das Auge

Von außen sieht man nur einen kleinen Teil des Auges, nämlich ein Stück des weißen Augapfels, die farbige Iris und die dunkle Pupille. Tatsächlich handelt es sich bei unserem Sehorgan um eine gallertartige Kugel, die gut gepolstert in der knöchernen Augenhöhle liegt und über Nerven mit dem Gehirn verbunden ist. Der Augapfel wird außerdem durch Horn- und Lederhaut geschützt. An ihm sitzen verschiedene Muskeln, die die Bewegung nach allen Richtungen ermöglichen.

Licht in Maßen!

Wenn du in den Spiegel schaust, siehst du im Mittelpunkt deiner Augen einen schwarzen Punkt, der mal größer und mal kleiner wird. Das ist die Pupille, und in Wirklichkeit ist sie kein Punkt, sondern ein Loch, über das Licht in das Auge dringen kann. Umgeben wird dieses Loch von der Iris. In ihr sitzen Muskeln, die sich zusammenziehen oder lösen können und damit die Größe des Sehlochs und gleichzeitig den Lichteinfall regeln.

Woher kommt die Augenfarbe?

Die Iris bestimmt unsere Augenfarbe. Je nach Pigmentierung ist sie braun, blau oder grün.

Wenn es zum Beispiel sehr hell draußen ist, wird das Sehloch ganz klein, bei Dunkelheit weitet es sich.
Die Funktion der Iris kann man gut mit derjenigen der Blende des Fotoapparates vergleichen. Wenn die Sonne scheint, muss eine kleine Blendenöffnung eingestellt werden, damit nicht zu viel Licht auf den Film fällt. Anders dagegen bei trübem Wetter. Die Blendenöffnung muss dann möglichst groß sein, damit durch sie viel Licht auf den Film fallen kann.

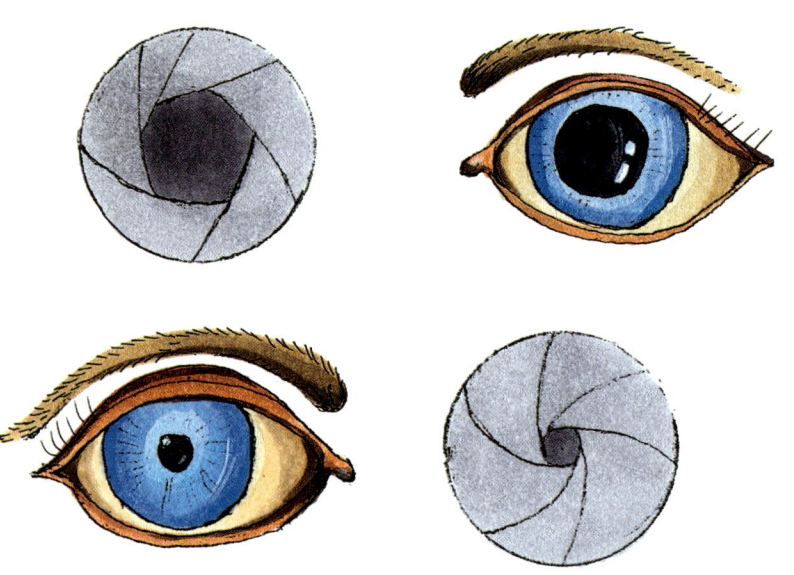

Je nach Lichteinfall wird die Pupille beziehungsweise die Blende verkleinert oder vergrößert.

So sehen wir

Jeder Gegenstand, der von der Sonne oder einer Lampe angestrahlt wird, spiegelt Lichtstrahlen wider. Diese Lichtstrahlen

kugelig oder flacher und korrigiert so den Lichtstrahl. Auch hier bietet sich der Vergleich mit einem Fotoapparat an, bei dem das Bild erst scharf gestellt werden muss.

kennen, andere sind auf Farben spezialisiert. Die Nervenzellen leiten das gesehene Bild in Form von kleinen Signalen an das Gehirn weiter. Im Gehirn werden die Signale verarbeitet und das Bild des Gegenstandes erstellt, den man gerade gesehen hat.

Das Bild des gesehenen Gegenstandes wird gebrochen und landet auf dem Kopf stehend auf der Netzhaut.

Warum es Brillen gibt

Bei manchen Menschen ist die Linse nicht mehr so gut beweglich, oder der Augapfel hat sich in seiner Form verändert, sodass er zu lang oder zu kurz ist. Dann wird das Bild, das man sieht, unscharf. Eine Brille ist wie eine zusätzliche Linse, die diesen Fehler wieder ausgleicht.

treffen durch die Hornhaut hindurch auf die dahinter liegende Linse. Die Linse bündelt die Lichtstrahlen und leitet sie auf die ganz hinten im Auge liegende Netzhaut. Dort kommt das Bild auf dem Kopf stehend an. Damit es scharf wird, können Muskeln die Linse in ihrer Form verändern – sie wird dann mehr

In der Netzhaut befinden sich viele winzige Nervenzellen. Einige dieser Nervenzellen können nur Schwarz und Weiß erkennen, andere sind auf Farben

Durch den besonderen Schliff der Brillengläser kann Kurz- oder Weitsichtigkeit ausgeglichen werden.

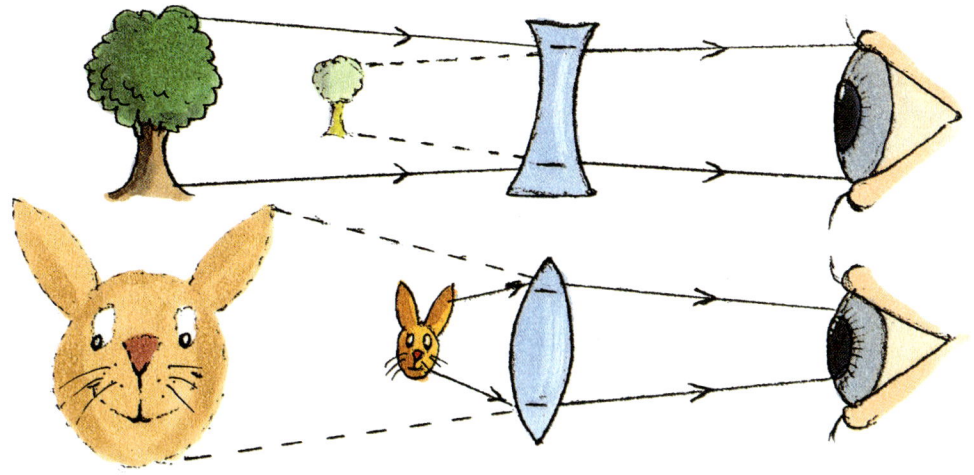

Ein Auge reicht nicht

Kneife mal ein Auge zu und schaue nach unten auf den Boden. Schätze, wie groß der Abstand ist. Genau – das geht gar nicht richtig. Für das Sehen von Entfernungen und Einschätzen von Räumlichkeiten sind nämlich zwei Augen notwendig. Jedes deiner Augen sieht ein Bild für sich und meldet dieses dem Gehirn, das dann beide Bilder zu einem einzigen „verschmilzt". So sehen wir insgesamt viel mehr. Wenn die beiden Augen nicht in dieselbe Richtung schauen, sieht man plötzlich zwei Bilder.

Schutz-mechanismen

Das Augen ist sehr empfindlich und muss deshalb gut geschützt werden. Die Natur hat vorgesorgt! Zunächst hat sie das Auge tief in eine stabile knöcherne Hülle gebettet. Die Augenbrauen sorgen dafür, dass Schweiß, der über die Stirn ins Auge zu laufen droht, abgefangen wird. Schmutzteilchen oder Gegenstände, die frontal auf das Auge treffen, bleiben bereits in den Wimpern hängen oder werden vom Augenlid abgehalten. Die Augenlider halten aber nicht nur Gegenstände ab, sondern reinigen wie kleine Scheibenwischer die „Bildfläche" von Staubpartikelchen. Als weiteres Schutzorgan sitzt vor dem Auge die Hornhaut. Sie ist sehr empfindlich. Wenn nur ein winziges Sandkorn auf sie trifft, merkst du das schnell, denn es tut höllisch weh. Das Auge beginnt dann auch zu tränen, und so werden alle Fremd-

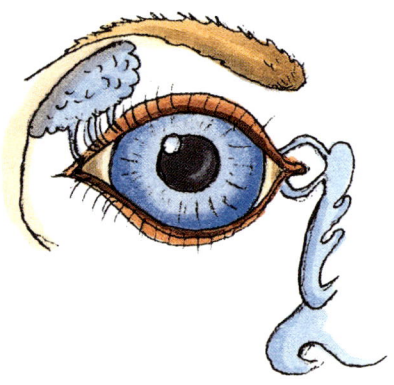

Die Tränenflüssigkeit fließt über dünne Kanäle in die Nase ab.

körper aus dem Auge herausgespült.

Die Tränenflüssigkeit

Die Drüsen, in denen die Tränenflüssigkeit hergestellt wird, befinden sich im oberen Augenlid. Die Flüssigkeit wird nicht nur produziert, wenn wir weinen, sondern sie ist ständig nötig, um das Auge feucht und sauber zu halten. Bei jedem Lidschlag wird sie ganz dünn über dem Auge verteilt. Wenn du traurig bist oder Schmerzen hast, stellen die Drüsen plötzlich sehr viel mehr Tränenflüssigkeit her. Diese fließt über Tränenkanälchen am inneren Augenwinkel ab und in die Nase hinein. Deshalb müssen wir, wenn wir weinen, auch ständig die Nase putzen.

1

2

Warum man im Dunkeln zunächst nichts sieht

Wenn du abends aus einer hell erleuchteten Wohnung nach draußen ins Dunkle trittst, kannst du meist erst gar nichts erkennen. Nach und nach aber zeichnen sich Umrisse ab, und du kannst dich wieder orientieren. Das liegt daran, dass bei Dunkelheit die Nervenzellen für das Schwarz-Weiß-Sehen in Aktion treten müssen. Diese brauchen aber eine gewisse Zeit, bis sie „anspringen".

3

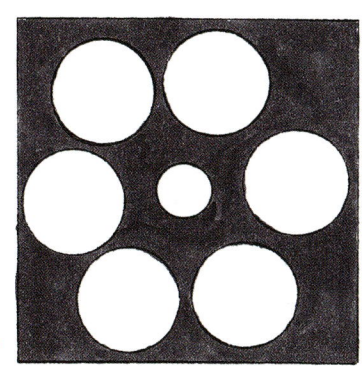

Falsch geguckt

Manchmal siehst du Dinge gar nicht so, wie sie tatsächlich sind – auch wenn du ganz genau hinschaust. Das liegt daran, dass dein Gehirn Informationen immer auf bestimmte Art verarbeitet und dabei auch Erfahrung und Wissen mit berücksichtigt. Deine Augen sind dabei nur die Hilfsmittel. Ab und zu lässt sich aber dein Gehirn täuschen, und dann siehst du etwas Falsches.

Kannst du folgende Fragen richtig beantworten?
1) Welcher Strich zwischen den Pfeilen ist länger?
2) Welche Farbe haben die Schnittpunkte der Linien?
3) Welcher Punkt im Zentrum ist größer?

Lösungen:
1) Beide Striche sind gleich lang.
2) Die Schnittpunkte erscheinen grau, sind aber in Wirklichkeit wie die Linien weiß.
3) Beide Punkte sind gleich groß.

Die Ohren

Deine Ohren sind prima „Apparätchen". Du kannst mit ihnen sehr leise und auch sehr laute Geräusche hören. Du kannst sagen, ob ein Ton hoch oder tief ist, und außerdem ist es leicht möglich festzustellen, aus welcher Richtung ein Geräusch kommt.

Die feinen Härchen des Schneckenbodens sind mit Nerven verbunden.

Lauter Luftwellen

Der Hörvorgang funktioniert über Schallwellen. Klatscht man zum Beispiel in die Hände, entstehen Schallwellen, das heißt, Luftteilchen werden in Bewegung gesetzt, die wiederum die nächsten Luftteilchen anstoßen und so weiter, bis die Wellen an deinem Ohr angelangt sind. Dort werden sie erst einmal von der Ohrmuschel aufgefangen und gebündelt, sodass möglichst viele Wellen ins Ohr kommen. Dann schwingen sie weiter durch den Gehörgang hindurch, bis sie schließlich auf das Trommelfell treffen.

Im Mittelohr

Das Trommelfell ist ein dünnes, aufgespanntes Häutchen, das, von den Wellen angestoßen, hin- und herzuschwingen beginnt. An ihm befestigt ist ein kleines Knöchelchen, das Hammer genannt wird. Dieses beginnt sich jetzt ebenfalls zu bewegen, weil es ja mit dem schwingenden Trommelfell eng verbunden ist. Der Hammer selbst ist wieder an ein anderes Knöchelchen gekoppelt, das Amboss heißt, und dieses hängt an einem Knöchelchen namens Steigbügel. Der Steigbügel setzt direkt am Innenohr an. Und weil alle diese Teile so eng miteinander verbunden sind, wackeln schließlich alle Gehörknöchelchen.

Das Innenohr

Das Innenohr besteht aus vielen gewundenen Röhren. Ein Teil dieser Röhren sieht aus wie eine Schnecke. Dort ist der Steigbügel befestigt. Im Inneren der Schnecke befindet sich eine Flüssigkeit. Auf dem Schneckenboden sitzen ganz ganz viele winzige Härchen, die wiederum mit Nervenzellen verbunden sind. Wenn sich jetzt der Steigbügel hin- und herbewegt, schlägt er immer gegen die Flüssigkeit in der Schnecke, ähnlich, als würdest du mit deiner Hand gegen das Badewasser schlagen. Und genauso, wie sich dann das Wasser in der Wanne wellenförmig bewegt, so tut dies auch die Flüssigkeit in deinem Innenohr, und auch die Härchen am Boden

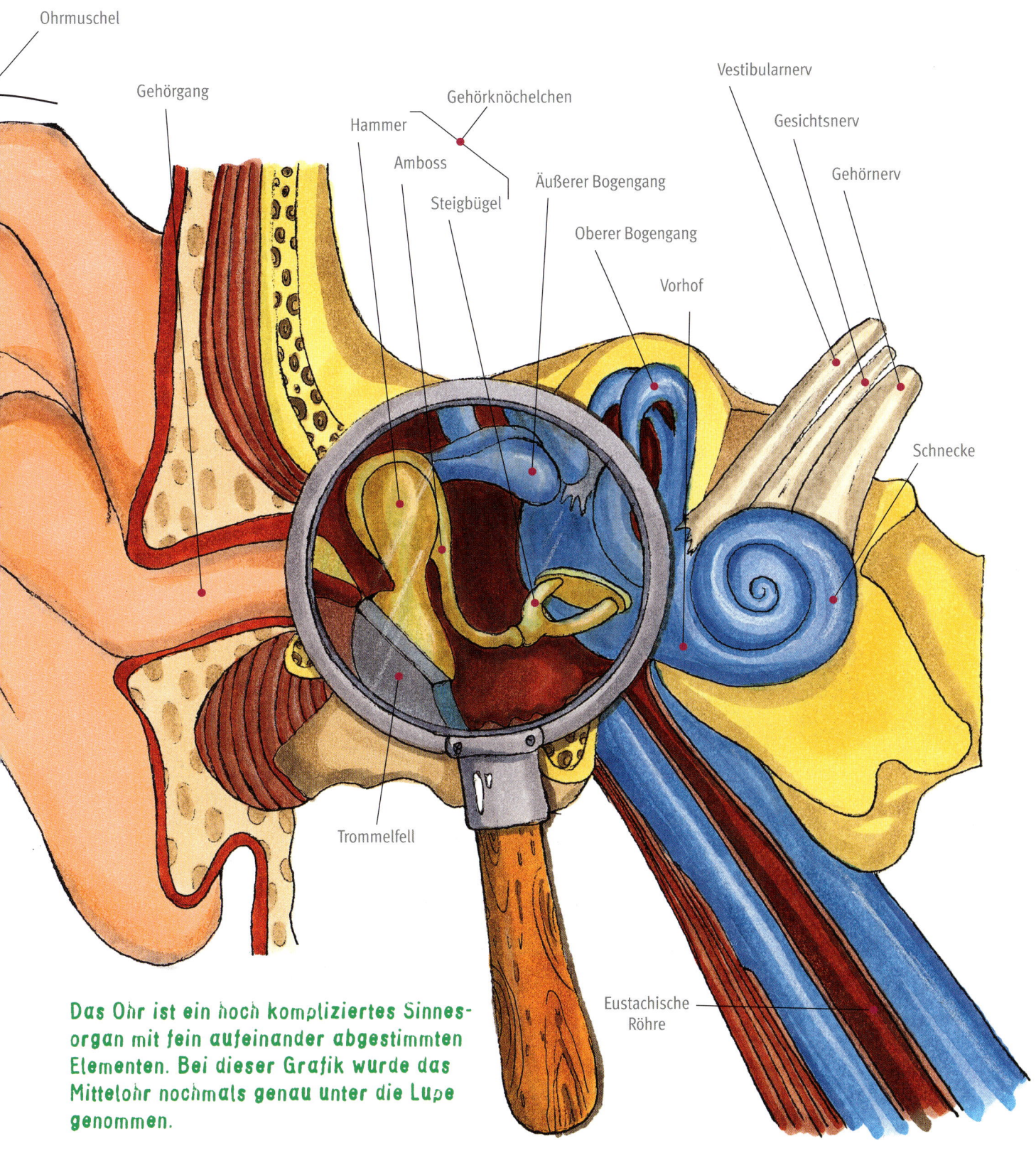

Ohrmuschel

Gehörgang

Hammer

Gehörknöchelchen

Amboss

Steigbügel

Äußerer Bogengang

Oberer Bogengang

Vorhof

Vestibularnerv

Gesichtsnerv

Gehörnerv

Schnecke

Trommelfell

Eustachische Röhre

Das Ohr ist ein hoch kompliziertes Sinnes-
organ mit fein aufeinander abgestimmten
Elementen. Bei dieser Grafik wurde das
Mittelohr nochmals genau unter die Lupe
genommen.

Trommelfell – Versuch

Spanne mithilfe eines Haushaltsgummis eine dünne Klarsichtfolie über eine Schüssel.
Streue dann etwas Salz darauf. Halte ein Backblech einige Zentimeter über der Schüssel und klopfe auf das Blech.
Das Salz auf der Klarsichtfolie wird nun auf und ab hüpfen.
Ursache dafür sind die mit dem Backblech erzeugten Wellen, die auf die gespannte Folie übertragen werden und diese schwingen lassen.
Deshalb ist auch das Salz in Bewegung.

der Schnecke schwingen mit. Diese Bewegungen werden von den hier endenden Nervenzellen registriert und über den Hörnerv in Form von winzigen elektrischen Signalen zum Gehirn weitergeleitet. Hier werden sie verarbeitet, und es wird dir bewusst, dass du etwas hörst.

Verschiedene Töne

Ob Töne hoch oder tief sind, liegt daran, wie schnell die einzelnen Schallwellen aufeinander folgen. Bei hohen Tönen ist der Abstand zwischen den Wellen kurz, bei tiefen lang. Übrigens sind für hohe und tiefe Töne ganz unterschiedliche Teile der Schnecke zuständig. Die Höhe der Schallwellen hingegen bestimmt, ob ein Ton laut oder leise erscheint. Hohe Wellen bedeuten laute Töne, niedrige Wellen leise Töne.

Meister der hohen Töne

Wir Menschen können zwar schon sehr hohe Töne hören, andere Lebewesen aber nehmen noch viel höhere Töne wahr. Fledermäuse zum Beispiel

senden solche hohen Töne, genannt Ultraschall, selbst aus und orientieren sich damit in der Dunkelheit. Die Schallwellen treffen auf Gegenstände oder Höhlenwände und werden zurückgeworfen.

Für Menschen nicht hörbar: die hohen Töne der Fledermaus.

Aus der Zeit, die zwischen Senden und Empfangen der Töne vergeht, errechnen die Fledermäuse, wie weit sie von Gegenständen entfernt sind. So stoßen sie in der Dunkelheit nicht an.

Schutz und Sicherheit

Ohrenschmalz muss sein, denn es sorgt dafür, dass kein Staub in die empfindlichen Teile des Ohrs gelangt. Das Ohrenschmalz wird von der Haut an der Innenseite des Gehörgangs gebildet. Es hält das Trommelfell glatt und geschmeidig und bindet kleine Schmutz- und Staubteilchen. Um dein Ohr zu reinigen, solltest du ab und zu den äußeren Gehörgang mit warmem Wasser ausspülen.

Druckausgleich

Mit jedem Meter, den sich ein Flugzeug vom Erdboden entfernt, sinkt der Luftdruck. Beim Landeanflug nimmt der Druck wieder zu. Durch den Luftdruckwechsel wird das Trommelfell einmal nach außen gezogen und dann wieder nach innen gedrückt. Du spürst dann ein Drücken im Ohr. Wenn du nun fest schluckst oder gähnst, verschwindet das komische Gefühl wieder. Das hat folgenden Grund:

Zwischen Ohr und Rachen gibt es einen Verbindungsgang, der Ohrtrompete heißt. Durch Schlucken oder Gähnen wird diese Ohrtrompete geöffnet, sodass Luft ins Ohr einströmen und den Druckunterschied ausgleichen kann.

Das Gleichgewicht

Deine Ohren sind nicht nur zum Hören da, sondern sorgen auch dafür, dass du dein Gleichgewicht halten kannst. Zuständig dafür ist das im Innenohr sitzende Gleichgewichtsorgan mit den Bogengängen. Das sind drei flüssigkeitsgefüllte Halbbögen, die in verschiedene Richtungen

Fledermäuse orientieren sich mit Hilfe des Echos.

zeigen. Auf ihrem Boden sitzen feine Härchen, auf denen kleine Kristallstücke befestigt sind. Wenn du nun deine Lage veränderst, also dich zum Beispiel plötzlich hinlegst, dann gerät die Flüssigkeit in den Bogengängen in Bewegung. Das reizt die winzigen Kristalle, wodurch wiederum Signale an Nervenzellen weitergegeben werden. Über einen Nerv wird dem Gehirn gemeldet, dass du dich gerade hingelegt hast.
Du kannst dein Gleichgewichtsorgan auch durcheinander bringen, indem du dich zum Beispiel eine Weile in eine Richtung drehst. Wenn du dann plötzlich stehen bleibst, beruhigt sich die Flüssigkeit in den Bogengängen nicht sofort, und du hast das Gefühl, dich noch ein wenig weiterzudrehen.

Die Nase

Wenn du deine Nase abtastest, wirst du merken, dass sie vorne beweglich ist, weiter Richtung Nasenwurzel aber hart wird. Das liegt daran, dass die Nase im vorderen Teil aus Knorpel und im hinteren Teil aus Knochen aufgebaut ist. Könntest du in die Nasenlöcher hineinschauen, würdest du sehen, dass sich in der Nase jeweils links und rechts eine Nasenhöhle befindet, die durch eine Wand getrennt ist. Das ist die Nasenscheidewand.

Die Nasenhöhlen sind über kleine Löcher mit den Nasennebenhöhlen verbunden. Die Nasennebenhöhlen sind Hohlräume im Knochen des Kopfes. Sie sitzen links und rechts über deinen Backenknochen, hinter deiner Stirn sowie in einem Knochen ganz tief hinter deiner Nase. Diese Höhlen bilden sich erst allmählich aus, teilweise erst, wenn du erwachsen bist. Sie dienen als Schallkörper für deine Stimme.

Außerdem führt der Tränenkanal von der Seite aus in die

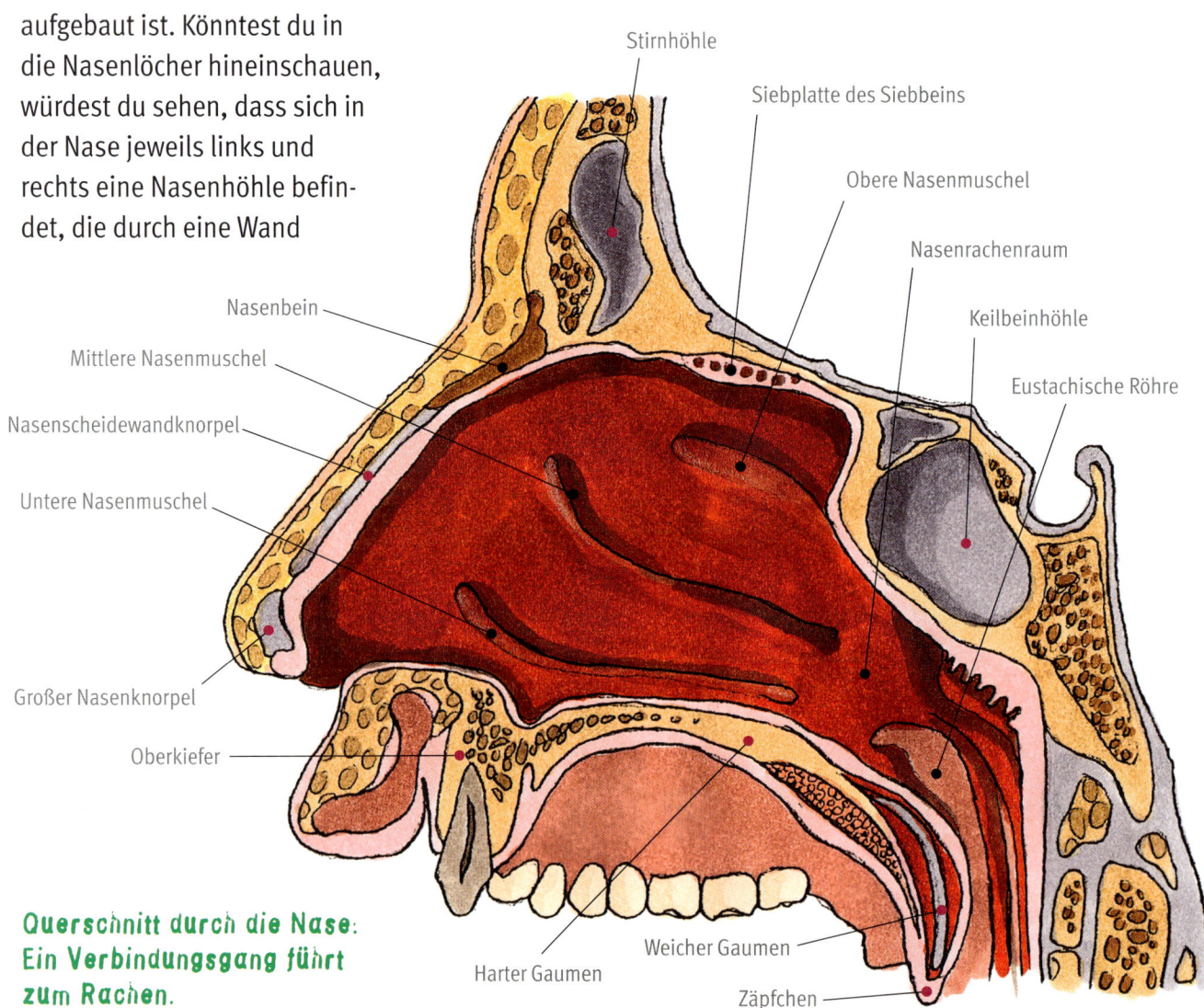

Stirnhöhle

Siebplatte des Siebbeins

Obere Nasenmuschel

Nasenrachenraum

Keilbeinhöhle

Eustachische Röhre

Nasenbein

Mittlere Nasenmuschel

Nasenscheidewandknorpel

Untere Nasenmuschel

Großer Nasenknorpel

Oberkiefer

Harter Gaumen

Weicher Gaumen

Zäpfchen

Querschnitt durch die Nase: Ein Verbindungsgang führt zum Rachen.

Nase. Er kommt von der Tränendrüse, die unter dem oberen Augenlid liegt.

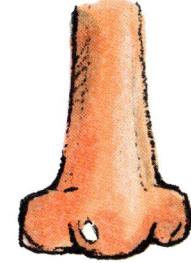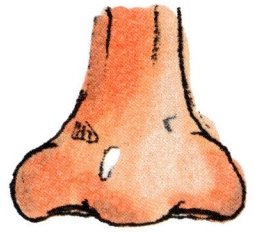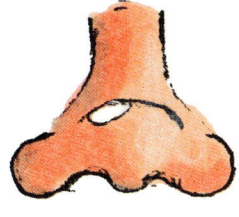

Nase ist nicht gleich Nase, und häufig verändert sich die Nasenform im Lauf des Lebens stark.

Die Nase als Atmungsorgan

Du weißt bereits, dass du durch deine Nase ebenso wie durch deinen Mund Luft einatmen kannst. Wenn du durch die Nase Luft holst, wird die Luft zusätzlich erwärmt und angefeuchtet, was für deine Bronchien gesünder ist. Außerdem sind in deiner Nase viele winzig kleine Härchen, die eine Menge Schmutz abfangen, den du durch Niesen und Schnäuzen wieder herausbeförderst. Dadurch wird die eingeatmete Luft schon einmal vorgereinigt.

Die Nase als Riechorgan

An der Decke unserer Nase befindet sich das Riechorgan, das aus vielen Zellen besteht. Durch Einschnüffeln der Luft gelangen die darin enthaltenen Duftstoffe zu den Riechzellen, die dann über Nerven deinem

Gehirn das „Gerochene" zusenden. Das Gehirn verarbeitet die Informationen und teilt dir mit, was du riechst. Übrigens riecht für deine Nase nicht jeder Duftstoff gleich stark. Bei Knoblauch zum Beispiel reichen schon ganz wenige kleine Duftteilchen, damit du den Geruch „Knoblauch" bemerkst. Je nachdem, wie viel Feuchtigkeit in der Luft ist und wie warm diese ist, riechen Duftstoffe auch mal stärker oder mal schwächer.

Warum das Riechen wichtig ist

Das Riechen bewahrt deinen Körper davor, verdorbene Speisen zu essen. Andererseits steigt dein Appetit, wenn ein Essen gut duftet. Der Geruch spielt auch eine Rolle bei Begegnungen mit anderen Menschen. Er entscheidet mit, ob du

jemanden magst oder nicht. Wenn eine Person ausgesprochen unangenehm riecht, möchtest du ihr nicht zu nahe kommen. Außerdem findest du jemanden sympathischer, der angenehm riecht. Daher kommt auch die Redewendung, dass man jemanden nicht riechen kann, wenn man ihn nicht nett findet.

Spezialisten in Sachen Riechen

Verschiedene Tierarten können Gerüche noch viel besser wahrnehmen als wir Menschen. Hunde zum Beispiel riechen sogar Fußspuren und verfolgen so eine Fährte. Für Wildhunde, wie Wölfe oder Schakale, ist dieser ausgezeichnete Geruchssinn lebenswichtig: Mit seiner Hilfe gelingt es ihnen, Beute zu verfolgen.

Mund und Rachen

Mund und Rachen bilden zusammen eine große Höhle, die zur Speiseröhre überleitet. Der Mund ist die erste Station der Verdauung. Hier wird das, was du isst und trinkst, für die weitere Verarbeitung in deinem Körper vorbereitet. Deine Zähne zerkleinern die Nahrung in kleinere Stückchen. Vermischt mit dem Speichel, wird das Gegessene gleitfähig, damit es gut zu schlucken ist, und außerdem bereits ein bisschen zersetzt. Der Speichel wird in Drüsen gebildet, die unter deiner Zunge und in den Wangen vor deinen Ohren liegen.

Die Zunge

Deine Zunge brauchst du zum Sprechen von bestimmten Lauten, zum Lutschen, zum Lecken und zum Zerdrücken von Nahrung. Außerdem kannst du mit ihr ertasten, ob ein Gegenstand, den du in den Mund nimmst,

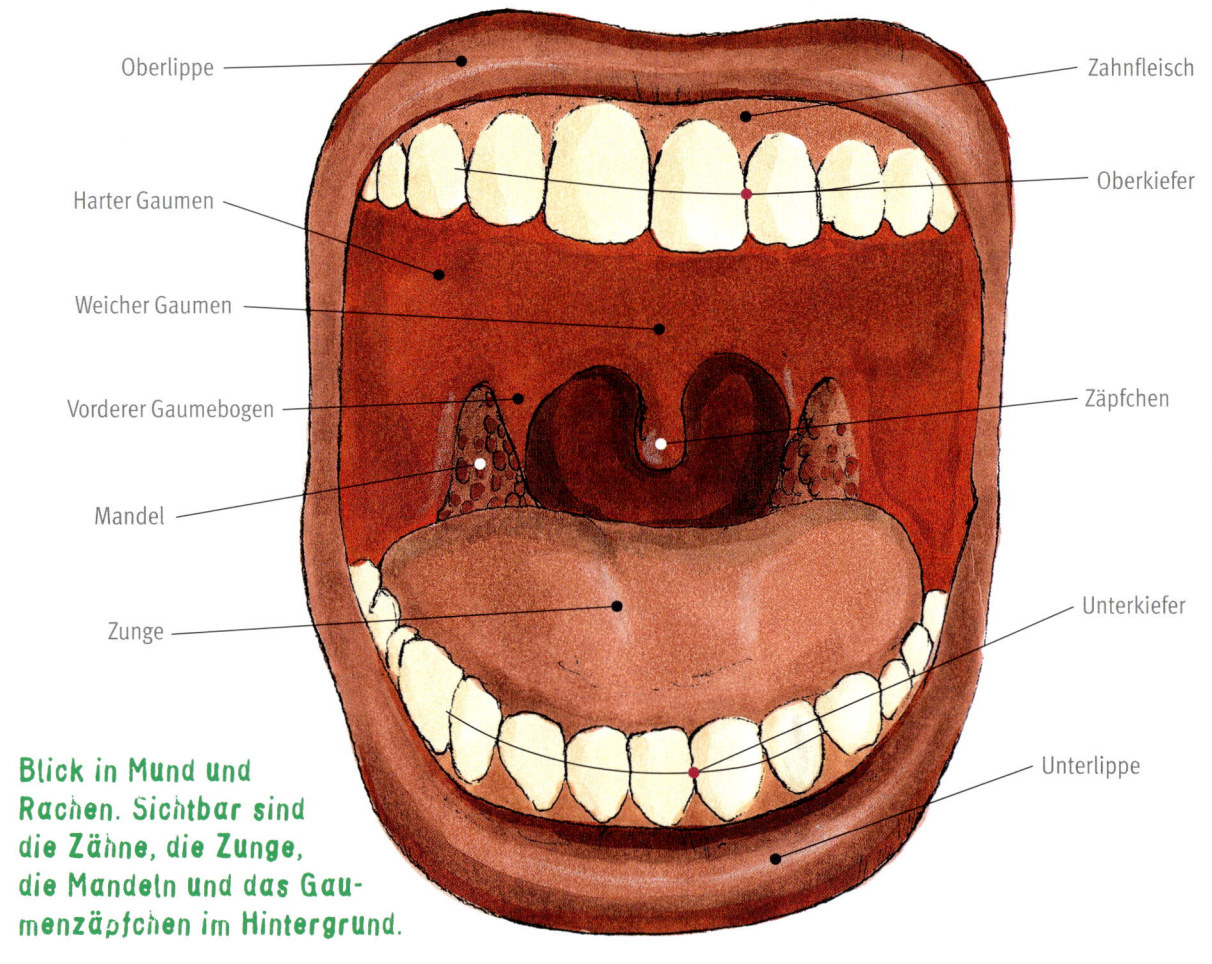

Oberlippe

Harter Gaumen

Weicher Gaumen

Vorderer Gaumebogen

Mandel

Zunge

Zahnfleisch

Oberkiefer

Zäpfchen

Unterkiefer

Unterlippe

Blick in Mund und Rachen. Sichtbar sind die Zähne, die Zunge, die Mandeln und das Gaumenzäpfchen im Hintergrund.

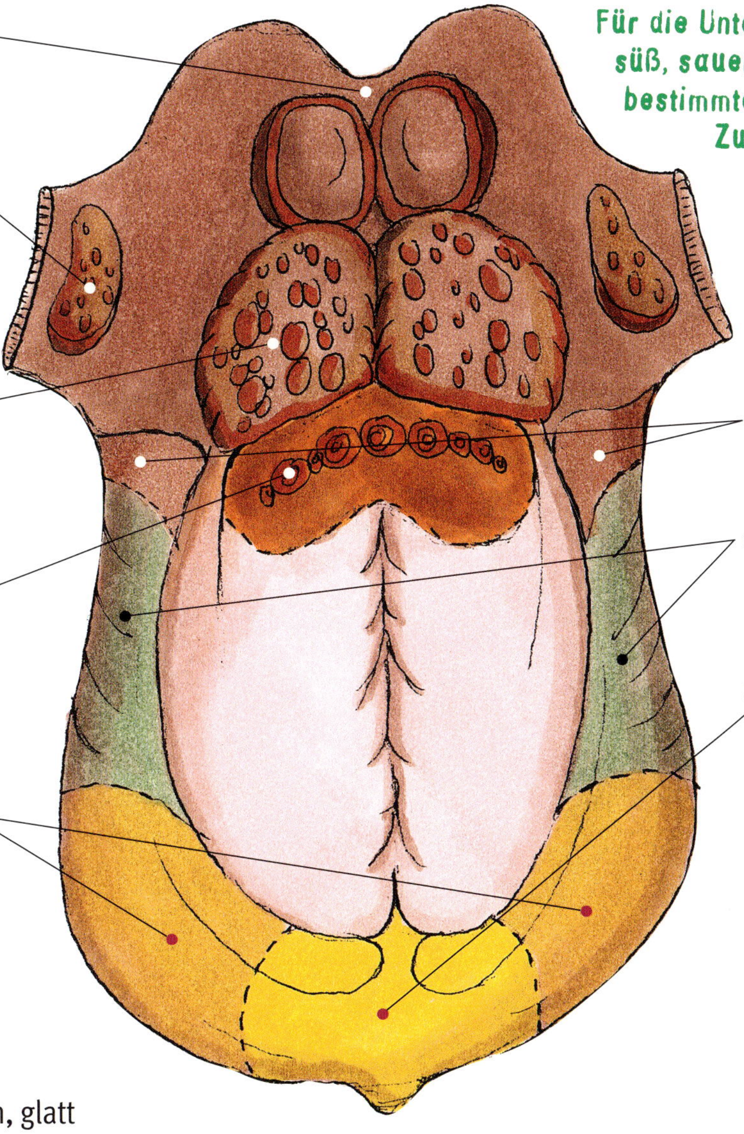

Kehldeckel

Gaumenmandel

Zungenmandel

Zungenpapille

Salziger
Geschmack

Für die Unterscheidung von süß, sauer oder salzig sind bestimmte Stellen der Zunge zuständig.

Bitterer
Geschmack

Saurer
Geschmack

Süßer Geschmack

fest, weich, kalt, warm, glatt oder rau ist. Auf deiner Zunge befinden sich winzige pilzförmige Erhöhungen, so genannte Geschmacksknospen. Du kannst mit ihnen vier verschiedene Geschmacksrichtungen unterscheiden: süss, salzig, bitter und sauer. Bestimmte Stellen deiner Zunge sind für die Unterscheidung notwendig: Süßes schmeckt man vor allem

an der Zungenspitze, Saures an den hinteren und Salziges an den vorderen Zungenrändern. Etwas Bitteres schmeckst du am intensivsten im hinteren Teil der Zunge .

Geschmackstest

Prüfe, an welcher Stelle deiner Zunge du bestimmte Dinge am

besten schmeckst, zum Beispiel Zitronen, Gummibärchen oder Salzstangen.

Nicht zu scharf und zu salzig

Wenn du oft sehr scharf und sehr salzig isst, können deine Geschmacksknospen kaputt gehen. Würze deshalb sparsam!

Mumps

Wer Mumps hat, klagt im Normalfall über eine schmerzende Stelle vor dem Ohr. Das liegt daran, dass die vor dem Ohr liegende Ohrspeicheldrüse entzündet ist.

du nur ordentlich aussprechen, wenn du Zähne hast. Denn bei der Aussprache muss die Zunge gegen die Schneidezähne drücken.

Außerdem sorgen die Zähne dafür, dass dein Kiefer so bleibt, wie er ist. Hast du schon mal ältere Menschen gesehen, die keine Zähne mehr haben und kein Gebiss tragen? Bei ihnen bilden sich das Zahnfleisch und der Kiefer allmählich zurück, sodass das Kinn auffallend schmal und spitz wird. Gesunde saubere Zähne sind darüber hinaus schon immer ein Zeichen für Schönheit gewesen. Wer ein strahlend weißes Lächeln hat, findet schnell Aufmerksamkeit.

Das Gebiss

In unserem Gebiss kann man drei Zahntypen unterscheiden: Die Schneide- und Eckzähne, die ganz vorne im Mund sitzen, dienen zum Abbeißen zum Beispiel eines Apfelstücks. Die Schneidezähne enden in einer scharfen Kante, während die Eckzähne spitz zulaufen. Die Zähne, die hinter deinen Backen versteckt sind, heißen Mahl- oder Backenzähne. Sie sind relativ breit und oben flach. Wie der Name schon sagt, brauchst du sie zum Zermahlen der Nahrung, denn damit das Essen über die Speiseröhre in den Magen gelangen kann, muss es schon recht fein sein.

Die Zähne

Unsere Zähne sind recht vielseitige Werkzeuge. Zunächst einmal dienen sie natürlich dazu, Nahrungsmittel zu zerhacken und in kleine Stück zu zerbeißen. Neben dieser wertvollen Aufgabe bei der Nahrungsaufnahme und -verdauung haben die Zähne aber auch noch andere Aufgaben.

Du brauchst deine Zähne beispielsweise zum Sprechen bestimmter Laute. Ein „t" kannst

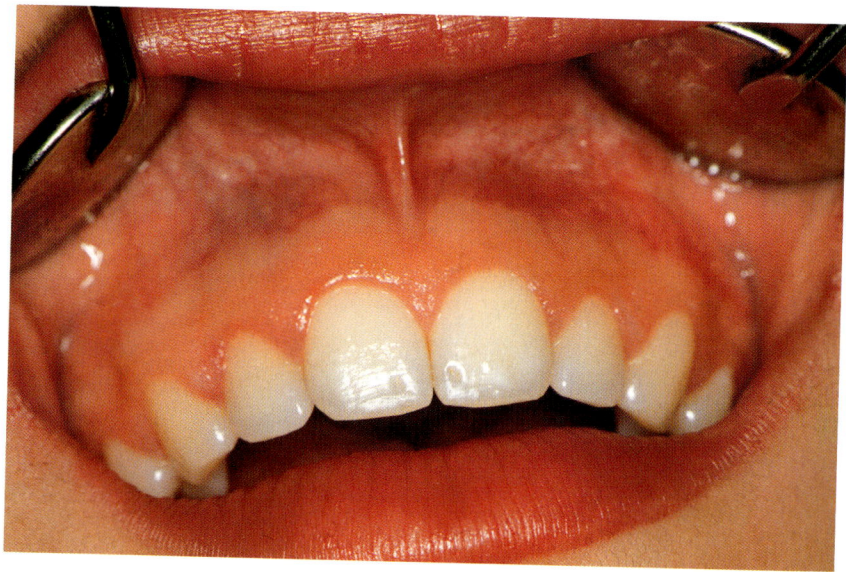

Ein wichtiges Werkzeug: Damit unser Gebiss seine Aufgaben erfüllt, muss es regelmäßig kontrolliert werden.

Zähne auf Zeit

Das Gebiss des Menschen entwickelt sich in zwei Phasen. Babys bekommen mit ungefähr sechs Monaten ihren ersten Zahn. Meist ist es ein Schneidezahn. Dann drängen immer mehr Zähne hervor, und wenn die Kinder ungefähr zwei bis zweieinhalb Jahre alt sind, besitzen sie 20 Zähne. Diese ersten Zähne heißen übrigens Milchzähne, weil sie in dem Lebensalter wachsen, in dem man hauptsächlich Milch trinkt. Mit ungefähr sechs Jahren beginnt der erste dieser Milchzähne zu wackeln und fällt schließlich aus. Unter ihm ist bereits ein zweiter Zahn herangewachsen, der größer als der Milchzahn ist.
So fallen alle „Babyzähne" allmählich aus und machen den neuen „bleibenden" Zähnen Platz. Schließlich reihen sich 28 Zähne aneinander. Doch damit nicht genug: Zwischen 16 und 18 Jahren gesellen sich ganz hinten nochmals vier Backenzähne dazu. Diese Spätzünder nennt man Weisheitszähne. Sie stocken das Gebiss auf 32 Zähne auf. Das fertige Gebiss besteht aus acht Schneidezähnen, vier Eckzähnen, 16 Backenzähnen und den vier Weisheitszähnen.

Das Zahnfleisch

Das Zahnfleisch trägt dazu bei, dass deine Zähne fest sitzen. Es säumt den Zahn. An der Stelle, an der es ansetzt, sammeln sich sehr gerne Bakterien. Deshalb ist es besonders wichtig, dass du dort mit deiner Zahnbürste sorgfältig putzt. Zwischen dem Zahnfleisch und dem Zahn liegt die Zahnfurche. Wenn diese tiefer als zwei Millimeter ist, sprechen die Zahnärzte von einer Zahnfleischtasche. Wie schon der Name versinnbildlicht, sammeln sich in diesen Taschen Zahnbelag und Zahnstein, die auch schmerzhafte Entzündungen verursachen können.

„Gebisswechsel": Zahnlücken machen sich ab etwa sechs Jahren im Mund breit.

So ist ein Zahn aufgebaut

Ein Zahn setzt sich aus drei Teilen zusammen: der Zahnkrone, dem Zahnhals und den Wurzeln. Die Zahnkrone ist der sichtbare Teil des Zahns über dem Zahnfleisch. Im Zahnfleisch sitzt der Zahnhals. Er geht in die Wurzeln über, die den Zahn im Kieferknochen verankern.

Der Schnitt durch den Zahn zeigt, wie dieses wichtige Werkzeug aufgebaut ist.

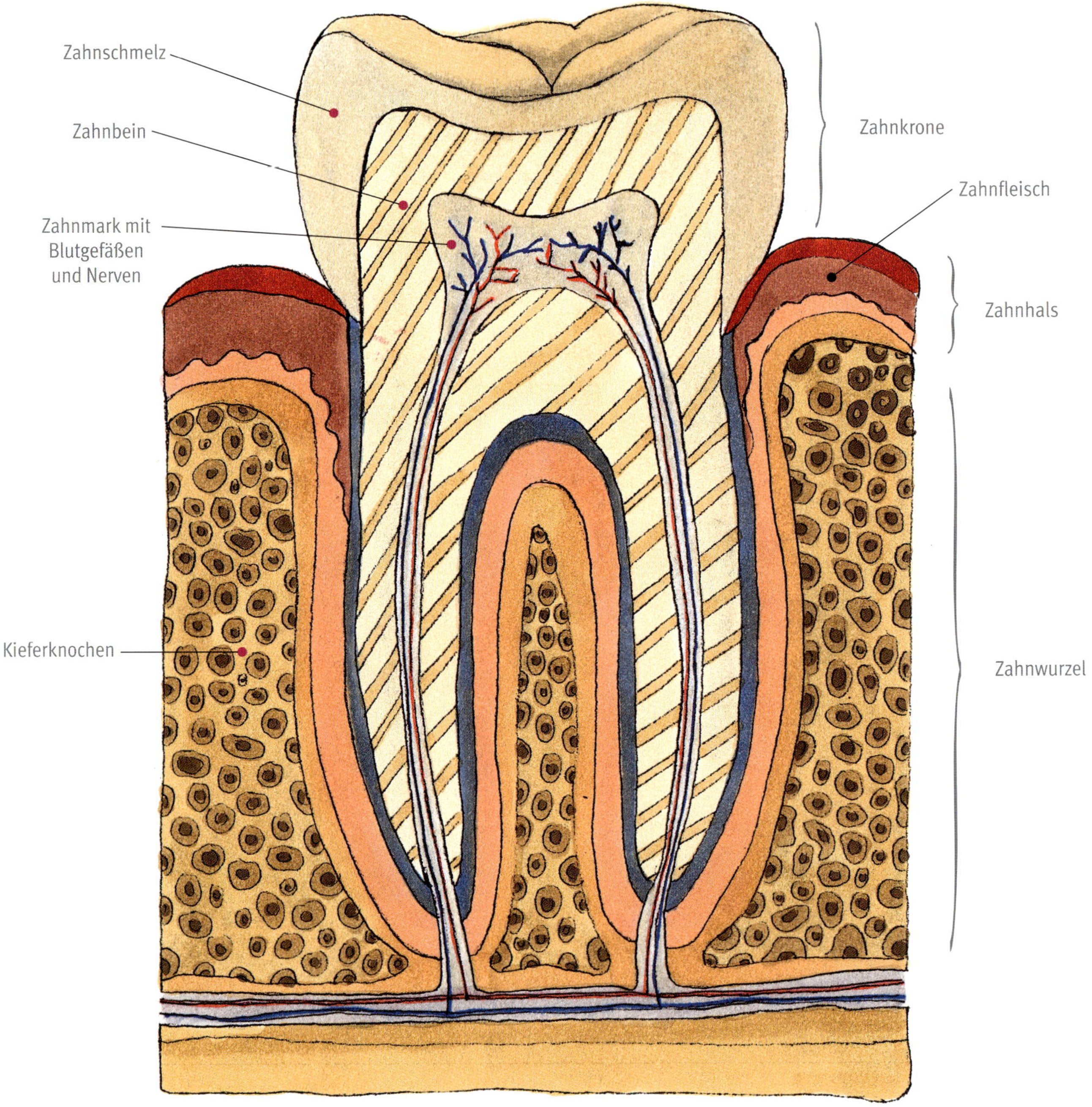

Zahnschmelz

Zahnbein

Zahnmark mit Blutgefäßen und Nerven

Kieferknochen

Zahnkrone

Zahnfleisch

Zahnhals

Zahnwurzel

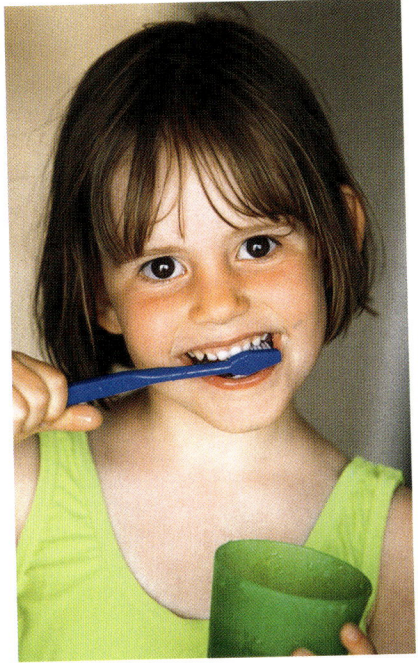

Wichtig: Nach dem Essen Zähne putzen!

Der sichtbare Teil des Zahns wird von einer Schicht überzogen, die man Zahnschmelz nennt. Das ist eine sehr harte Substanz, die den Zahn gegen alles rüstet, was tagtäglich auf ihn einwirkt, zum Beispiel harte Nahrungsbestandteile, sehr saure oder sehr süße Dinge, Kaltes und Heißes.
Unter dem Zahnschmelz befindet sich das etwas elastischere Zahnbein. Im Zentrum des Zahn liegt das Zahnmark. Hier verlaufen Blutgefäße und Nerven. Sie treten über eine kleine Öffnung in der Wurzelspitze mit dem Körper in Verbindung.

Karies

Zahnfäule – das ist kein sehr appetitlicher Name für eine Krankheit, die wir im Mund tragen. Vereinfacht ausgedrückt entsteht sie so: Dort, wo kleine Speisereste zwischen den Zähnen hängen bleiben, siedeln sich Bakterien an und ernähren sich von den Speiseresten. Sehr beliebt ist dabei Zucker, denn mit ihm vergären die Bakterien zu Säuren. Diese Säuren aber sind für unsere Zähne äußerst gefährlich, da sie Löcher in den Zahn fressen. Das nennt man Karies.

Die Sache mit dem Zähneputzen

Damit du vor Karies geschützt bist, musst du immer, nachdem du etwas gegessen hast, deine Zähne putzen. Dann können sich nämlich erst gar keine Essensreste ansammeln. Besonders wichtig ist das Zähneputzen, nachdem du Süßigkeiten genascht hast – aus Zucker können Bakterien nämlich besonders viel Säure herstellen. Putze deine Zähne mindestens dreimal am Tag, am besten morgens nach dem Frühstück, vor dem Schlafengehen und nach jedem Essen drei bis fünf Minuten lang, und halte dich dabei an die „KAI-Regel". Das heißt: Erst putzt du die Kauflächen, dann die Außenseite der Zähne und schließlich ihre Innenseite. Vergiss dabei die Backenzähne ganz hinten nicht! Zum Schluss ziehst du Zahnseide durch die Zahnzwischenräume.

Zähne wie bestellt

Ein Tiger, hat sehr scharfe Eckzähne, da er seine Beute mit den Zähnen festhalten und zerreißen muss. Eine Kuh hat kräftig ausgebildete Mahlzähne, weil sie das Gras zermalmen und wiederkäuen muss. Und Vögel? Ihre Zähne wurden durch einen festen Schnabel ersetzt, mit dem sie Körner und Samen knacken können.

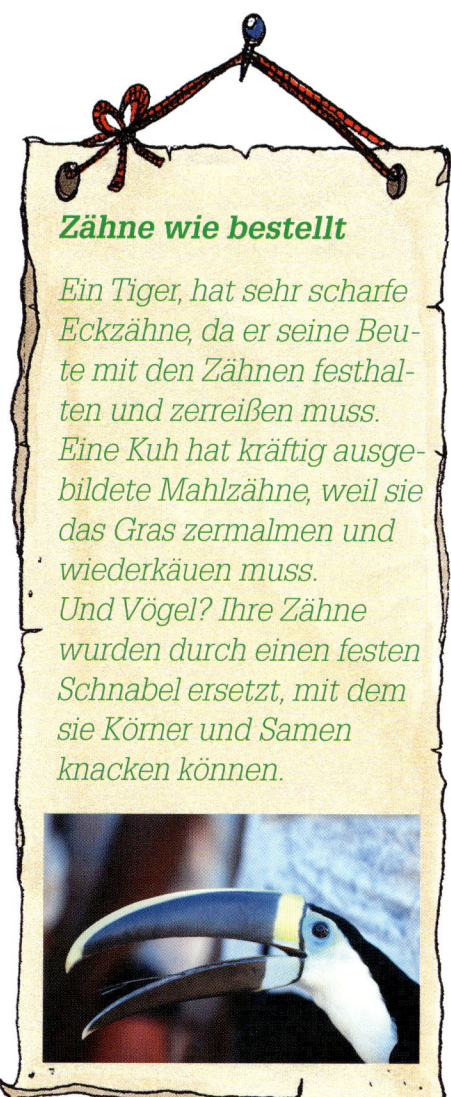

Der Rachen

Deine Mundhöhle und deine Nasenhöhle vereinen sich zu einer gemeinsamen Höhle, die man Rachen nennt. Du kannst in den Rachen hineinsehen, wenn du den Mund weit öffnest und in den Spiegel schaust.

Mandeln

Ganz weit hinten siehst du das Gaumenzäpfchen herunterhängen. Links und rechts davon kannst du manchmal die Ra-chenmandeln sehen, besonders wenn sie beispielsweise durch Krankheit leicht vergrößert sind. Bei den Rachenmandeln handelt es sich um Pakete aus Zellen, die eingedrungene Keime im Rachen vernichten. Bei einer Halsentzündung können die Mandeln von Kindern teilweise so stark anschwellen, dass die Erkrankten nur mehr schlecht Luft bekommen. Dann muss

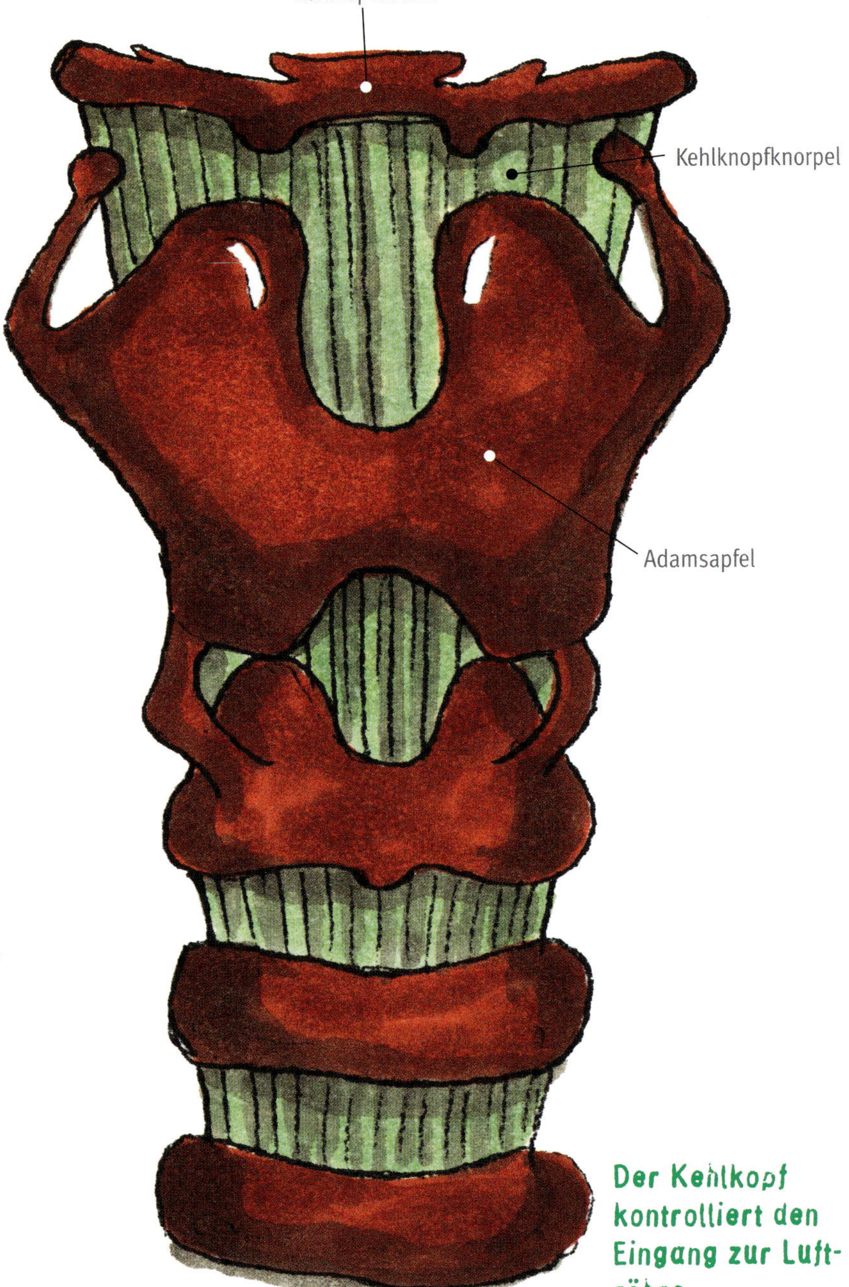

Eis als Trostspender

Wer sich einer Mandelope-ration unterzieht, bekommt ein dickes Eis! Mit dieser Versprechung tröstet man viele Kinder, die sich vor den Schmerzen nach der Mandeloperation fürchten. Tatsächlich dürfen die klei-nen Patienten ein großes Eis genießen, denn es kühlt die Wunde und rutscht besser als feste Nahrung.

Kehlkopfdeckel

Kehlknopfknorpel

Adamsapfel

Der Kehlkopf kontrolliert den Eingang zur Luft-röhre.

man die Mandeln in einer Operation entfernen. Heute ist man hier jedoch viel zurückhaltender als früher. Man weiß nämlich inzwischen, dass Mandeln auch eine wichtige Rolle bei der Entwicklung der körpereigenen Abwehr spielen.

Polypen

Solche „Pakete aus Abwehrzellen", wie sie die Mandeln darstellen, gibt es auch am Dach und an der Hinterwand des Rachens. Du kennst sie wahrscheinlich unter dem Namen Polypen. Wenn sie zu dick werden, bekommt man ebenfalls

Mit Hilfe unserer beweglichen Stimmbänder können wir flüstern, singen, murmeln – oder auch laut schreien.

schlecht Luft. Die Betroffenen schnarchen meist während des Schlafens. Aber auch dafür gibt es Abhilfe: Man kann Polypen ebenfalls herausoperieren.

oben und verschließt mit seinem Deckel den Eingang zur Luftröhre. Die Nahrung hat dann nur eine Möglichkeit weiterzukommen: Sie rutscht in die Speiseröhre.

Manchmal kann man den Kehlkopf sehen

Bei Männern ist der Kehlkopf oft sehr gut an einer Vorwölbung am Hals – dem Adamsapfel –zu erkennen. Wenn ein Mann schluckt, kannst du beobachten, wie sich der Adamsapfel auf und ab bewegt.

Der Kehlkopf

Mit deinem Mund atmest du nicht nur Luft ein, sondern du nimmst auch Nahrung auf. Damit diese beim Schlucken nicht in die Luftröhre gerät, sitzt im „Untergeschoss" des Rachens der Kehlkopf. Dieses Knorpelgerüst schiebt sich beim Schlucken automatisch nach

Die Stimmbänder

Im Kehlkopf befinden sich zwei aneinander liegende gespannte Lippen – die Stimmbänder. Wenn an sie Luft strömt, werden sie in Schwingungen versetzt, und es entstehen Töne. Durch Muskeln können diese Bänder angespannt werden, sodass der

Anhand der Mund- und Lippenstellung lässt sich ablesen, welcher Laut erzeugt wird.

Der Versuch mit dem Grashalm

Die Funktion der Stimmbänder kannst du leicht nachahmen. Spanne einen Grashalm zwischen Daumenspitzen und Daumenballen und blase Luft hindurch. So versetzt du den Grashalm in Schwingung, und es werden Töne hörbar.

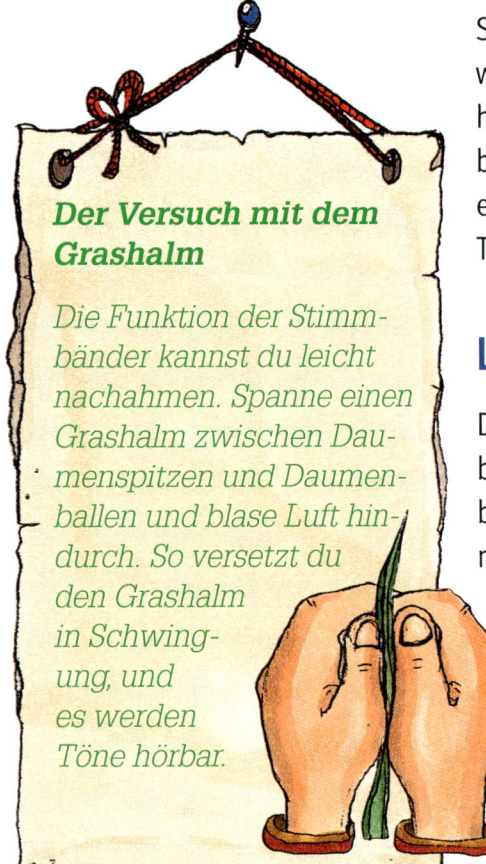

Spalt zwischen ihnen schmaler wird. Dadurch wird der Ton höher. Wenn sich die Stimmbänder wieder entspannen, ergibt das einen niedrigeren Ton.

Laute formen

Damit du Laute formen kannst, brauchst du neben den Stimmbändern auch noch deinen Gaumen, deine Zunge, deine Lippen und deine Zähne. Außerdem sind für den Klang deine Nase und deine Nasennebenhöhlen wichtig. Probiere selbst aus, welche Teile des Mund- und Rachenraums nötig sind, um bestimmte Laute zu bilden. Ein „s" kannst du zum Beispiel nicht ohne die Zunge formen, ein „p" nicht ohne deine Lippen, ein „g" nicht ohne deinen Gaumen und ein „f" nicht ohne deine Zähne.

Der Stimmbruch

Die Stimme von Jungen, die in die Pubertät kommen, wird tiefer, also „männlicher". Das liegt daran, dass die Stimmbänder im Verlauf des Erwachsenwerdens wachsen. Diese Phase nennt man „Stimmbruch". Häufig wechselt die Stimme in dieser Zeit bruchartig von hoch nach tief.

Gesang

Laute werden nicht nur für das Sprechen erzeugt, sondern auch zum Singen. Wer ein wirklich guter Sänger werden will, braucht eine spezielle Ausbildung. Dabei wird der Stimmapparat, zu dem auch die Stimmbänder gehören, geschult, die richtige Atemtechnik wird erlernt, und auch die Aussprache muss auf Klarheit und Ausdruckskraft getrimmt werden.

Die drei Tenöre: Der Klang eines Tons wird durch den Resonanzkörper bestimmt. Beim Menschen ist dies der Körper. Größe und Volumen nehmen also Einfluss auf die Stimme.

Das Verdauungssystem

Jede Zelle benötigt Nährstoffe. Diese führen wir unserem Körper über die Nahrung zu. Natürlich muss die Nahrung so aufbereitet werden, dass die enthaltenen Nährstoffe frei werden und ins Blut übergehen können.

Wenn du zum Beispiel Spaghetti isst, muss dein Körper die Nudeln zunächst in winzige Teilchen zerlegen. Erst dann kann er die darin enthaltenen Nährstoffe auch nutzen.

Im Mund gehts los

Die Verdauung beginnt bereits im Mund. Nachdem die Schneidezähne kleinere Bissen abgetrennt haben, wird die Nahrung von den Backenzähnen zermalmt. Auch der Speichel trägt zur Verdauung bei, da er Stoffe enthält, welche die Nahrung zersetzen. Wichtig ist, dass du die Nahrung sehr gut kaust, denn damit leistest du schon eine Menge Vorarbeit.

In der Speiseröhre

Beim Schlucken wird der Nahrungsbrei in die Speiseröhre weiterbefördert. Die Speiseröhre ist ein lang gestreckter Muskelschlauch, der sich an mehreren Stellen immer wieder zusammenzieht. So entstehen wellenförmige oder peristaltische Bewegungen, mit denen der Brei weiter nach unten geschoben wird. Deshalb können wir übrigens auch im Liegen verdauen.

Knetgerät Magen

Die nächste Station des Nahrungsbreis – der mittlerweile natürlich auch mit deinen Getränken vermischt wurde – ist der Magen. Bevor er in diesen eindringt, muss der Brei einen kreisförmigen Muskel zwischen Speiseröhre und Magen passieren, der verhindert, dass Nahrung aus dem Magen zurück in die Speiseröhre schwappt.

Im Magen angekommen, wird der Nahrungsbrei von den Magenmuskeln gut durchgeknetet. Der saure Magensaft zersetzt

Magenknurren

Auch wenn sich im Magen keine Nahrung befindet, enthält er dennoch Luft. Fängt der Magen nun an zu kneten, bewegt sich nur die Luft. Das hört sich dann wie Knurren an.

die einzelnen Nahrungsteilchen nun noch mehr, sodass sie allmählich winzig klein sind. Wie lange die Speisen im Magen bleiben, hängt von ihrer Zusammensetzung ab. Fetthaltige Nahrungsmittel wie Pommes frites werden beispielsweise viel langsamer zerkleinert als ein Lolli, der nur aus Zucker besteht.

Eine ansehnliche Strecke legt der Nahrungsbrei auf seinem Weg vom Mund zum After zurück. Während dieser Reise werden alle wichtigen Nährstoffe verwertet.

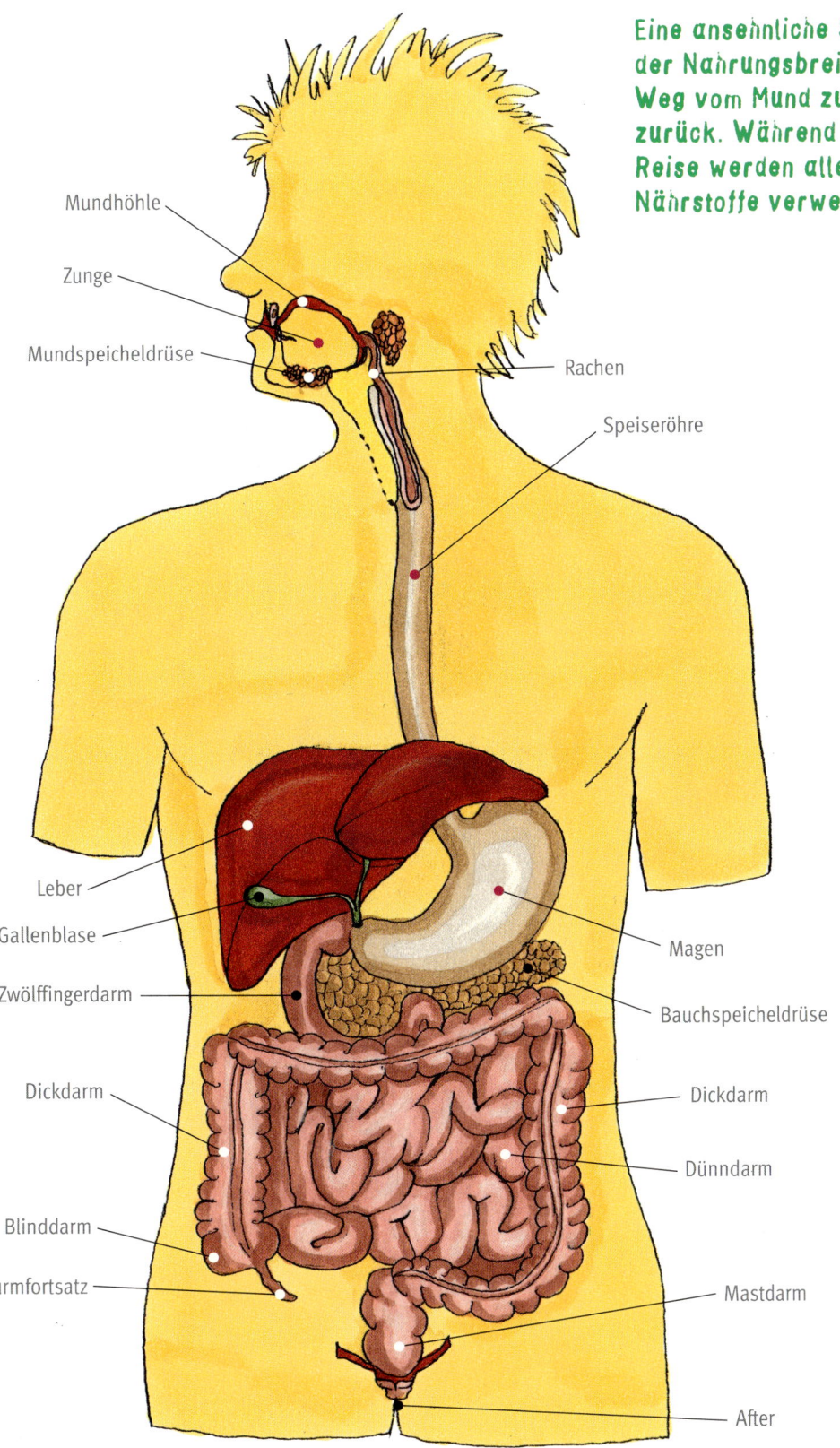

Mundhöhle

Zunge

Mundspeicheldrüse

Rachen

Speiseröhre

Leber

Gallenblase

Zwölffingerdarm

Magen

Bauchspeicheldrüse

Dickdarm

Dickdarm

Dünndarm

Blinddarm

Wurmfortsatz

Mastdarm

After

Durch den Dünndarm

Vom Magen aus geht's weiter zum Dünndarm. Das ist ein ungefähr drei Meter langes Schlauchsystem, das säuberlich eingepasst in unserem Bauch liegt. Aus dem Dünndarm treten nun die lebenswichtigen Nährstoffe über kleine Spalten in der

sind außerdem nach innen eingestülpt. So entsteht eine riesengroße Fläche, über die viele Nährstoffe aufgenommen werden können.

Nur zwölf Finger lang

Der erste Teil des Dünndarms heißt Zwölffingerdarm, denn er ist rund zwölf Finger lang. Durch einen kleinen Zufluss strömen

Nicht benötigte und unverdauliche Nahrungsbestandteile werden vom Dünndarm aus durch Knetbewegungen zum Darmende befördert.

Zuckerkontrollstelle

Die Bauchspeicheldrüse stellt neben den Verdauungssäften auch noch Insulin her. Dieses sorgt dafür, dass nicht zu viel Zucker im Blut schwimmt.

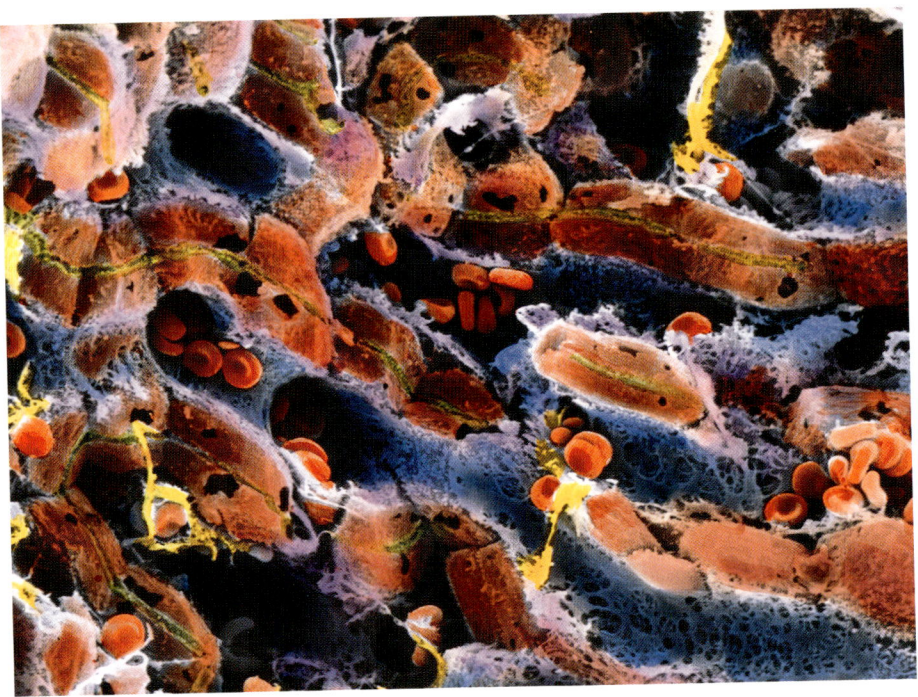

Über die Darmschleimhaut werden die Nährstoffe ins Blut geleitet.

Durch den Dickdarm

Die nächste „Verdauungs-Station" ist der Dickdarm. Er ist zwar nur 1,5 m lang, dafür aber dreimal so dick wie der Dünndarm. Hier werden dem Brei Wasser und wichtige Mineralstoffe entzogen und über die Darmwand ins Blut und von dort zu den Nieren geleitet. Übrig bleiben nur feste, für den Körper nicht verwertbare Nahrungsteile. Diese gelangen anschließend über den After als Kot nach draußen. Im Dickdarm sitzen übrigens Bakterien, die aber dem Körper nicht schaden, sondern krank machende Keime bekämpfen.

Darmwand in die Blutgefäße ein. Die Innenwand des Dünndarms ist dazu mit einer dicken Schleimhaut ausgekleidet, die viele Falten wirft. Diese Falten

Verdauungssäfte aus Bauchspeicheldrüse und Gallenblase in ihn und unterstützen damit zusätzlich die Verdauung des Nahrungsbreis.

Blinddarm

Dort, wo der Dünndarm in den Dickdarm mündet, befindet sich ein wurmähnliches Anhängsel, der Blinddarm. Die Mediziner sind sich uneinig über seine Funktion. Beachtet wird er vor allem dann, wenn Nahrungsreste in ihn gelangen und nicht wieder herauskommen. Das kann zu einer Entzündung des Wurmfortsatzes des Blinddarms führen. Dieser muss dann entfernt werden.

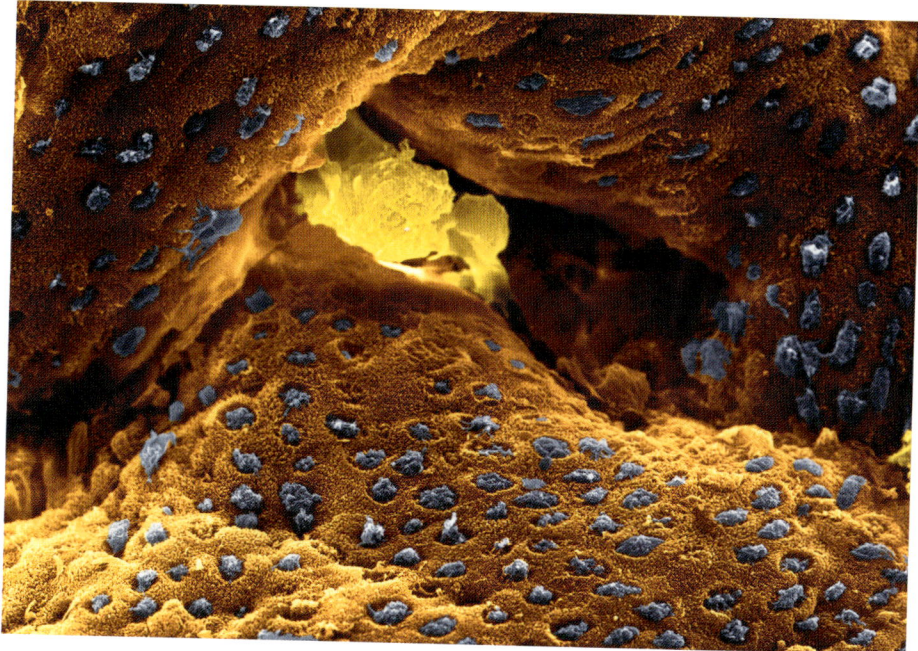

Die Leber entsorgt Giftmüll und ist deshalb lebenswichtig.

Lagerhalle Leber

Das Blut, das die Nahrungsstoffe vom Darm aufgenommen hat, führt sie weiter zur Leber. Dort wird Zucker gespeichert, und andere Nahrungsbestandteile werden umgebaut. Außerdem ist die Leber eine große Entgiftungsfabrik und eine Entsorgungsstation für alte Blutzellen. Muss die Leber allerdings über einen langen Zeitraum hinweg übermäßig viele Giftstoffe – wie zum Beispiel Alkohol – verarbeiten, dann geht sie kaputt. Ohne Leber aber kann der Mensch nicht leben.

Gallenblase

Die Gallenblase ist eine Drüse, die dicht unter der Leber liegt. Sie produziert den so genannten Gallensaft, der bei der Fettverdauung hilft. Der Gallensaft wird, wie bereits erwähnt, in den Dünndarm gespritzt und trifft dort auf die Nahrung. Wer sich einer Ultraschalluntersuchung unterzieht, zuvor aber einen fetten Schweinebraten gegessen hat, kann seine Gallenblase fast nicht auf dem Bildschirm erkennen. Um den Braten zu verdauen, hat sie sich nämlich entleert und ist dadurch ganz klein geworden. Wer längere Zeit nichts gegessen hat, sieht eine große, gut gefüllte Gallenblase.

Milz

In der Milz, die hinter dem Magen liegt, werden Krankheitserreger und verbrauchte Blutkörperchen aus dem Blut gefiltert. Außerdem wird hier ein Teil der weißen Blutkörperchen hergestellt. Die Aufgaben der Milz können auch von Leber und Knochenmark übernommen werden, sie ist nicht lebensnotwendig.

Die Nieren

Unsere Nieren sind eine lebenswichtige Reinigungsanlage. Die beiden Nieren haben in etwa die Form von zwei großen Bohnen. Diese bestehen aus vielen winzigen Filtern, mit denen der als Abfall entstandene Harnstoff aus dem Blut herausgefiltert wird. Außerdem passen die Nieren auf, dass sich nicht zu viel oder zu wenig Salz und Wasser in unserem Körper befindet. Überflüssiges wird einfach als Urin ausgeschieden. Jede Niere ist nämlich mit einem Schlauch, dem Harnleiter, an die Harnblase angeschlossen. So kann der in den Nieren produzierte Urin in die Harnblase geleitet werden. Ist die Blase voll, verspürt man Harndrang und entleert den Urin über die Harnröhre. Babys können ihre Blasenfunktion nicht kontrollieren. Ihre Blase entleert sich automatisch, wenn sie eine bestimmte Menge Harn enthält. Erst mit der Reifung des Zentralnervensystems bekommen Kinder den Harndrang in Griff und können dann zum richtigen Zeitpunkt die Toilette aufsuchen.

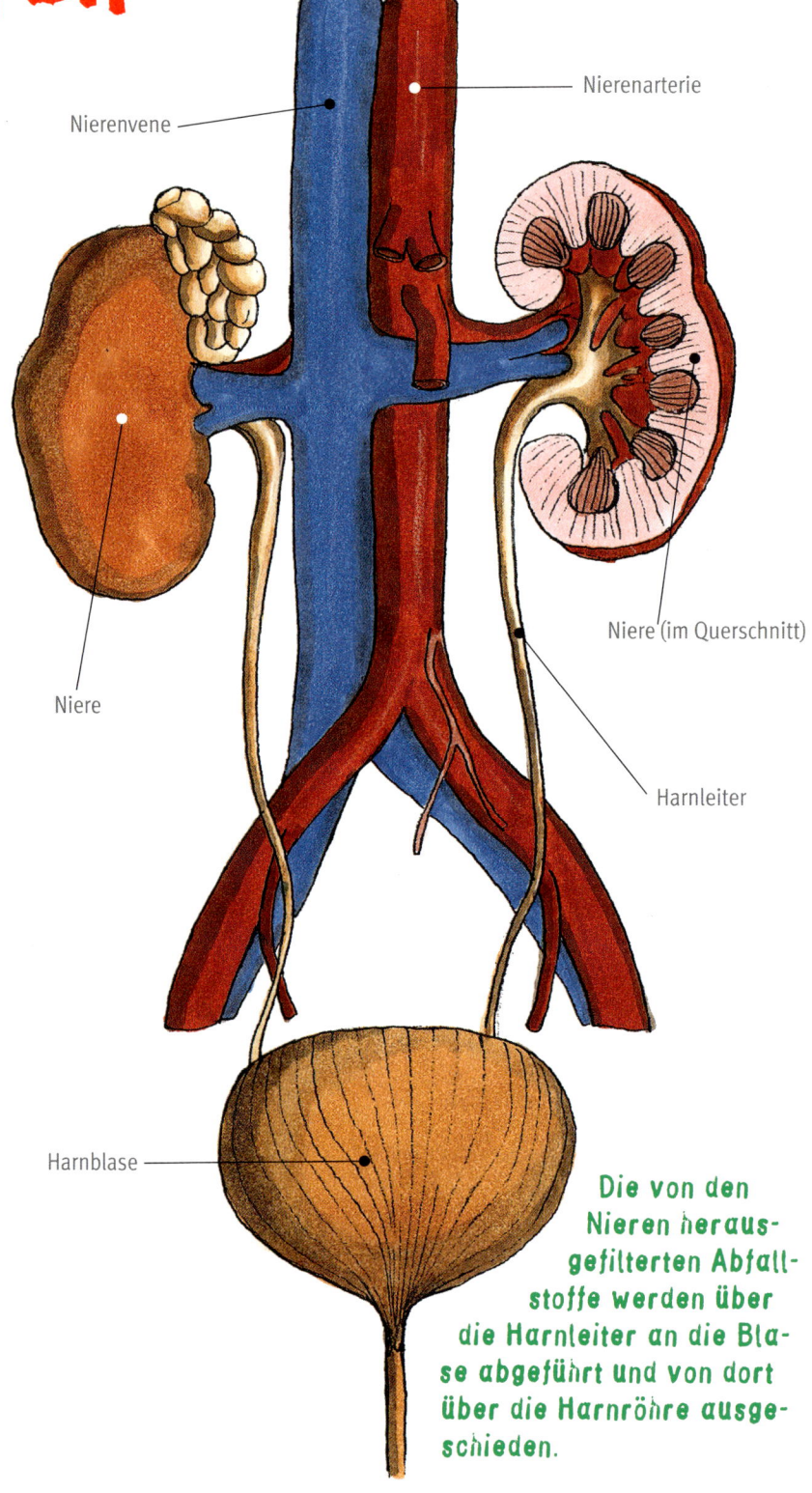

Nierenvene

Nierenarterie

Niere (im Querschnitt)

Niere

Harnleiter

Harnblase

Die von den Nieren herausgefilterten Abfallstoffe werden über die Harnleiter an die Blase abgeführt und von dort über die Harnröhre ausgeschieden.

Kranke Nieren

Die Nieren sind sehr wichtige Organe für den Körper, da er ohne sie durch die Abfallstoffe vergiftet würde. Wenn eine Niere nicht mehr richtig funktioniert, kann die andere Niere, soweit diese ganz gesund ist, ihre Aufgabe übernehmen und so den „Schaden" ausgleichen. Lebensgefahr besteht, wenn beide Nieren nicht mehr richtig arbeiten. Dann muss eine regelmäßige, recht aufwändige Behandlung einsetzen, die so genannte Dialyse. Der Betroffene wird dabei an ein Gerät angeschlossen. Das Blut wird aus den Venen entnommen und durch das Gerät geleitet, wo es künstliche Filter reinigen. Das saubere Blut fließt wieder in den Körper zurück.

Um den Menschen den regelmäßigen Gang zur Dialyse zu ersparen, versucht man auch, Nieren zu übertragen. Das heißt, die gesunde Niere eines anderen Menschen wird in den Körper des Erkrankten eingepflanzt. Nicht immer aber nimmt der Körper diese „Spenderniere" an und stößt sie wieder ab.

Blasenentzündung

Da Urin sehr sauer ist, halten sich Bakterien nur ungern in ihm auf. Dennoch kommt es bisweilen vor, dass von außen eindringende Bakterien durch die Harnröhre in die Blase wandern und dort eine Entzündung verursachen. Das merkt man recht schnell daran, dass der Harndrang zunimmt, die ausgeschiedene Menge aber relativ klein ist. Manchmal brennt es auch beim Wasserlassen. Gegen Blasenentzündung hilft ein Antibiotikum. Außerdem sollte man viel trinken, damit die Bakterien ausgespült werden.

Immer gut spülen!

Wichtig ist, dass die Nieren immer gut gespült werden. Das hält sie fit. Deshalb ist es erforderlich, dass du viel trinkst – das heißt täglich mindestens einen Liter Wasser. Erwachsene sollten ganze zwei Liter zu sich nehmen.

Der Körper benötigt Wasser zum Aufbau der Zellen und zum Ausspülen von Giftstoffen.

Bausteine unserer Nahrung

Auch wenn du nur ganz faul herumsitzt oder sogar schläfst, verbraucht dein Körper ständig Energie, also Kraft, damit deine Zellen in deinen Organen arbeiten können. Das Herz zum Beispiel muss ununterbrochen pumpen, auch während du schläfst. Natürlich kostet es auch viel Energie, die Körpertemperatur aufrecht zu erhalten. Dein innerer Ofen muss eine gleich bleibende Temperatur von 37° Celsius sichern, egal ob es draußen gerade sommerliche oder winterliche Temperaturen hat. Die gesamte Energie entzieht der Körper den Nahrungsmitteln, in denen viele wichtige Bausteine enthalten sind. Deine Körperzellen verbrennen diese und produzieren daraus wie kleine Kraftwerke Energie. Im Folgenden findest du die wichtigsten Bausteine der Nahrung aufgelistet: Eiweiß, Fett, Kohlehydrate, Mineralstoffe und Vitamine.

Eiweiß

Der Körper benötigt Eiweiß zum „Neubau" von Körperzellen; ohne Eiweiß könnten wir also gar nicht wachsen. Dieser ungemein wichtige Baustoff ist in Milch und Milchprodukten wie Käse und Jogurt enthalten. Aber auch Fisch, Eier und Getreide sind reich an Eiweiß. Du solltest am Tag ungefähr einen halben Liter Milch trinken oder aber viel Quark, Käse und Jogurts essen.

Fett

Fett macht nicht nur dick, sondern es enthält auch viel Energie. Du findest es in Butter, Margarine und Öl, es versteckt sich aber auch in Wurst und Käse oder Schokolade. Man unterscheidet pflanzliche und tierische Fette. In den pflanzlichen Fetten, wie Sonnenblumen-

oder Olivenöl, sind die so genannten ungesättigten Fettsäuren enthalten, die der Körper zum Aufbau von Hormonen braucht. Du solltest ungefähr zur Hälfte tierische Fette, wie zum Beispiel Butter, und zur Hälfte pflanzliche Fette essen.

Kohlehydrate

Auch die Kohlehydrate dienen dem Körper als Kraftlieferanten. Sie sind vor allem in Getreide, Gemüse und Kartoffeln, aber auch in Obst enthalten. Sogar in Zucker und Süßigkeiten liegen Kohlehydrate vor. Sie werden aber vom Körper in ganz kurzer Zeit verbrannt und enthalten keine anderen wertvollen Stoffe. Als ausgezeichnete Kraftstofflieferanten gelten Gemüse wie Erbsen und Linsen und Vollkornprodukte wie Vollkornbrot oder Vollkornnudeln. Hier werden die Getreidekörner mitsamt ihrer hochwertigen Schale verwendet. Weißmehlprodukte wie Weißbrot sind demgegenüber weniger reich an Energielieferanten. Vollkornprodukte machen länger satt, und darüber hinaus sind in der Schale ihrer Körner noch Vitamine und Mineralstoffe enthalten. Außerdem tragen die unverdaulichen Pflanzenfasern – auch sie sind Kohlehydrate – zu einer guten Verdauung bei. Um die Leistungsfähigkeit zu erhalten, sollte rund die Hälfte deiner Nahrung aus Kohlehydraten bestehen.

Mineralstoffe

Mineralstoffe sind für unsere Gesundheit sehr wichtig. So brauchst du zum Beispiel Kalzium, das in Milch- und Milch-

Eine ausgewogene Ernährung umfasst Eiweiß, Vitamine, Mineralstoffe, Fett und Kohlehydrate.

produkten vorliegt, damit deine Knochen und Zähne wachsen und schön hart bleiben. Jod ist wichtig für deine Schilddrüse, die dafür sorgt, dass du nicht ständig müde auf dem Sofa liegst. Es ist in Fisch enthalten. Und Eisen hilft, dein Blut mit Sauerstoff zu versorgen. Fleisch ist besonders reich an Eisen. Zu beachten ist, dass Säuglinge, schwangere und stillende Frauen vermehrt Mineralstoffe benötigen.

Struktur des „Nerven-"Vitamins B.

Vitamine

Vitamine kommen in fast allen frischen Nahrungsmitteln vor, so zum Beispiel in Obst, Gemüse, Vollkorngetreide oder auch in Eiern und Milchprodukten. Dein Körper kann die meisten Vitamine nicht selbst herstellen. Er braucht sie aber für alle möglichen Vorgänge. Wenn du deinem Körper zu wenig Vitamine zuführst, wirst du krank.

Vitamin C

Frisches Gemüse und Obst ist reich an Vitamin C. Es unterstützt deinen Körper unter anderem bei der Abwehr von Erkältungskrankheiten.

Vitamin D

Dieses Vitamin brauchst du zum Aufbau von Knochen und Zähne. Es ist in Fisch, Fleisch und Butter enthalten.

Vitamin A

Vitamin A nennt man auch gerne das Augenvitamin. Tatsächlich brauchst du es, um gut zu sehen. Es hilft aber auch deiner Haut, gesund zu bleiben. Du findest Vitamin A in Gemüse, Obst, Leber sowie in Milch und Eiern.

Vitamin B

Vitamin B ist wichtig für die Nerven, das Herz und das Blut. Es

Mikroskopische Aufnahme des Vitamins A.

ist in Getreide, Nüssen, Hülsenfrüchten und vielen weiteren Nahrungsmitteln enthalten.

Vitamin E

Dieses Vitamin brauchen wir für die Versorgung unserer Haut. Außerdem schützt es die Zellen vor Schädigungen. Vitamin E ist besonders in pflanzlichen Ölen wie Sonnenblumenöl enthalten.

Die gesunde Ernährung

Wenn du dich gesund ernährst, wirst du dich auch fit fühlen. Was aber ist gesund? Die Ernährungswissenschaftler empfehlen eine ausgewogene Ernährung. Das heißt, dass wir möglichst viele verschiedene, aber hochwertige Nahrungsmittel zu uns nehmen sollten. Einmal Vollkorngetreide, einmal Kartoffeln, einmal Naturreis – und dazu immer viel frisches Obst und Gemüse. Ganz wichtig sind zusätzlich Milchprodukte wie Milch, Quark oder Jogurt. Ab und zu sollte auf dem Speiseplan ein Ei, Fisch oder Fleisch stehen.

Außerdem braucht dein Körper natürlich viel Flüssigkeit, das heißt, du solltest viel trinken. Am besten Wasser oder ungesüßte Tees, verzichte aber auf Limonaden- und Colagetränke. Wenn du dich an diese Ernährungsregeln hältst, darfst du dir übrigens ruhig mal ein Stückchen Schokolade gönnen.

Aktionstag

Schlage doch deinem Klassenlehrer vor, einen Aktionstag zu organisieren, der unter dem Motto „Gesunde Ernährung" steht. Ihr könntet Plakate entwerfen, auf die ihr verschiedene Nahrungsmittel aus Zeitschriften und Katalogen aufgeklebt und ihre wichtigen und unnützen oder gar schädlichen Inhaltsstoffe aufzeigt. Eine andere Idee wäre ein „Müsli-Stand", mit dem ihr euren Mitschülern „Super-Kraft-Müslis" vorstellt. Auch ein Fitnessstand ist eine lustig Idee. Jeder, der zehn Liegestützen oder dreißig Kniebeugen schafft, erhält zur Belohnung ein Glas frisch gepressten Orangensaft.

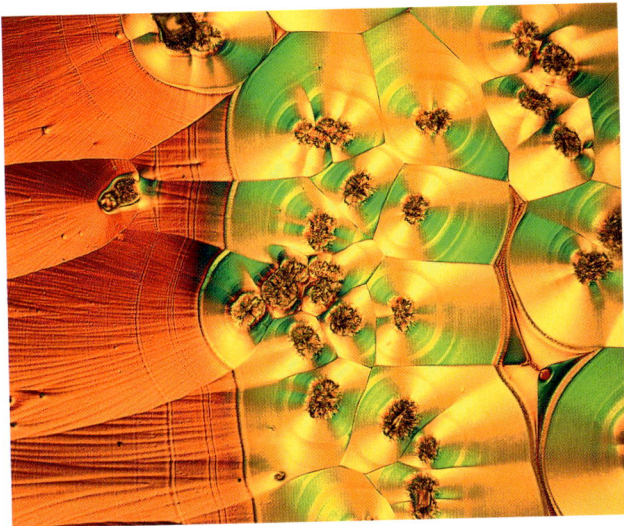

Sorgt für Abwehrkräfte: Vitamin C.

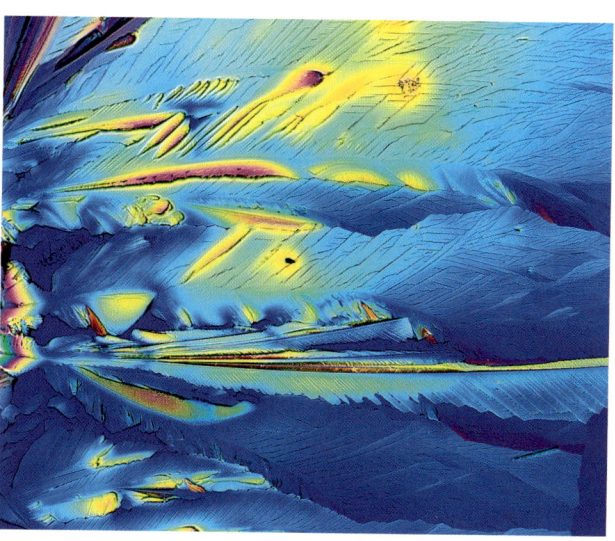

Vitamin D ist wichtig für unsere Knochen.

Coole Drinks

Hier findest du ein paar Rezept-ideen, wie du dir selbst ganz schnell ein paar Drinks zaubern kannst, die super schmecken und dazu noch unglaublich gesund sind. Am besten schmecken die Drinks übrigens, wenn du sie noch ein paar Minuten in den Kühlschrank stellst.

Eis, einige Früchte und eine hübsche Deko – so schmeckt jeder Saft!

Erdbeertraum

- 1 Stück Vanilleschote
- 100 g Erdbeeren
- 150 ml Buttermilch
- 150 ml Mineralwasser

Schabe das Mark aus der Vanilleschote und püriere es zusammen mit den Erdbeeren und der Buttermilch. Gieße alles in ein hohes Glas und fülle es mit Mineralwasser auf.

Tomatentrunk

- 250 ml Tomatensaft
- 1 TL gehackte Petersilie
- 1 TL Honig
- Pfeffer, Salz
- Mineralwasser

Verrühre den Tomatensaft mit der Petersilie und dem Honig. Gib dann eine Prise Pfeffer und Salz dazu und fülle alles in ein Glas. Gieße noch einen großen Schuss Mineralwasser dazu.

Bananen-Flip

- 1/2 Banane
- 15 geschälte Mandeln
- 1 Teelöffel Honig
- 200 ml Vollmilch
- Vanillezucker
- 1 Zitrone

Gib die Banane zusammen mit Mandeln, Honig und Milch in

Der Sommertipp

Für die fruchtigen Getränke mit Milch gibt es noch einen extra Sommertipp: Sie schmecken besonders gut, wenn du eine Kugel Speiseeis dazu gibst. Wähle dafür die Geschmacks-richtung der verwendeten Früchte, Vanilleis oder einfach deine Lieblingssorte.

einen Mixer und püriere sie. Füge dann eine Messerspitze Vanillezucker und einen Schuss frischen Zitronensaft hinzu. Verrühre alles nochmals gut.

Möhren-Orangen-Cocktail

- 1 Mohrrübe
- 1 Orange
- 100 ml Kefir
- 1 Teelöffel Honig
- 1 Messerspitze Vanillezucker

Vermixe alle Zutaten gut mit dem Pürierstab und fülle den Saft in ein Glas. Stecke an den Rand des Glases eine frische Orangenscheibe.

Pausen-snacks

Mach dir doch dein Pausenbrot einmal selbst zurecht. Hier findest du einige Rezepte, die fit machen und toll schmecken.

Frischkäse-Obst-Spieße

Ein Salat aus vielen frischen Früchten ist der Pausen-Renner.

🍓 1 dicke Scheibe Vollkornbrot
🍓 50 g Frischkäse
🍓 1 TL Honig
🍓 4 Weintrauben oder
4 Erdbeeren oder 1 Apfel
🍓 Zahnstocher

Bestreiche das Vollkornbrot zunächst mit etwas Honig und dann mit Frischkäse. Schneide es in kleine Vierecke. Wasche das Obst und spieße es dann mit den Zahnstochern auf die Brotstücke.

Super-Kraft-Müsli

🍓 1 Karotte
🍓 1 kleiner Apfel
🍓 3 Walnüsse
🍓 1 Naturjogurt
🍓 1 TL Traubenzucker
🍓 1 EL Haferflocken
🍓 1 TL flüssiger Honig
🍓 1 Zitrone

Rasple zuerst die Karotte und den Apfel. Zerhacke dann die Walnüsse in möglichst kleine Stücke. Vermische alles mit dem Jogurt, dem Traubenzucker, den Haferflocken und dem Honig. Gib zuletzt einen Schuss frisch gepressten Zitronensaft dazu.

Knäckebrot-Burger

🍓 Etwas Schnittlauch
🍓 ¼ kleine Zwiebel
🍓 2 Scheiben Knäckebrot
🍓 Frischkäse

Schneide den Schnittlauch und die Zwiebel klein. Bestreiche eine Knäckebrotscheibe mit Frischkäse und verteile den Schnittlauch und die Zwiebel darüber. Lege die zweite Brotscheibe darauf. Damit das Knäckebrot bis zur Pause nicht weich wird, kannst du eine sehr dünne Schicht Butter auf die Innenseiten der Brotscheiben streichen.

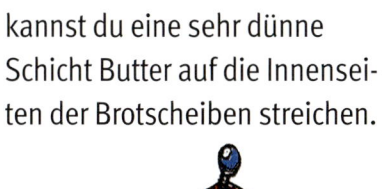

Pausenbrot-Clique

Täglich Brote streichen muss nicht sein! Bilde mit einem oder mehreren Schulfreunden eine Pausenbrot-Clique, und wechsel dich mit ihnen im Zubereiten der kleinen Mahlzeiten ab. Legt aber bestimmte Regeln fest: Jeden Tag müssen Obst oder Gemüse sowie ein Milch- und ein Vollkornprodukt aufgetischt werden.

Die Haut

Klar – bei Haut denkt jeder sofort an eine große Hülle, die den Körper umgibt und ihn in Form hält. Tatsächlich ist die Haut dein größtes Organ; bei einem Erwachsenen ist sie ungefähr zwei Quadratmeter groß. Gäbe es die Haut nicht, würden die inneren Organe, die ja immer feucht bleiben müssen, relativ schnell austrocknen. Die Haut schützt uns aber auch vor Wasser, das von außen an den Körper herantritt. Sie hält zum Beispiel Regenwasser ab und verhindert somit eine „innere Überschwemmung". Außerdem hält die Haut die vielen krank machenden Keime ab, die durch die Luft schwirren und in deinen Körper eindringen könnten. Die Haut ist also nicht nur das größte, sondern auch eines der wichtigsten Organe.

Die Haut- schichten

Deine Haut ist aus verschiedenen Schichten aufgebaut, ähnlich wie ein Haus aus mehreren Stockwerken besteht. In der obersten Schicht, der Oberhaut, befindet sich eine unablässig arbeitende Reparaturwerkstatt. Ganz oben liegen abgestorbene Hautzellen, unter denen ständig neue Zellen nachgeschoben werden. Übrigens besteht unser Hausstaub zum größten Teil aus solchen abgestorbenen und heruntergefallenen Hautzellen. Unter der Oberhaut liegt die Lederhaut. In ihr sitzen die Wurzeln der Haare, kleine Muskeln, Blutgefäße und Nerven. Die Blutgefäße versorgen die Lederhaut mit Nährstoffen. Durch die Nerven spüren wir jede kleinste Berührung, ob etwas kalt oder warm ist oder ob etwas weh tut. Außerdem sitzen in der Lederhaut auch verschiedene Drüsenarten. Die Talgdrüsen stellen eine fettige Masse her, durch die unsere Haut eine dünne Ölschicht erhält. Das macht sie noch wasserdichter und widerstandsfähiger. Die Schweißdrüsen produzieren, wenn uns warm ist, eine salzige Flüssigkeit. Dieser Schweiß verdampft dann auf der Haut und kühlt sie so ab.

Das unterste Stockwerk der Haut wird Unterhaut genannt. Diese Schicht besteht zum größten Teil aus Fett und schützt uns vor Kälte, dient aber auch als Polster – zum Beispiel am Po.

Keine Ritterrüstung

Deine Haut ist ausgesprochen elastisch. Wenn du dich bückst, die Beine anziehst oder den Arm hebst, zwickt es an keiner Stelle. Zum Glück ist nämlich deine Haut ein bisschen wie ein Kaugummi. Sie dehnt sich in alle Richtungen und passt wie angegossen.

Manchmal dicker – manchmal dünner

Deine Haut wächst nicht an allen Stellen gleich dick. An den Füßen ist sie dick und fest, weil sie viel Druck aushalten muss. An den Lippen dagegen hast du nur eine dünne Haut, die sehr sensibel ist.

Die Hautfarbe

In der Haut wird ein brauner Farbstoff hergestellt, der Mela-

nin heißt. Je nachdem, ob deine Haut viel oder wenig von diesem Farbstoff enthält, erscheint sie heller oder dunkler. Melanin schützt den Körper gegen schädliche Sonnenstrahlen. Deshalb können Menschen mit dunkler Hautfarbe länger in der Sonne bleiben, ohne einen Sonnenbrand zu bekommen, als Menschen mit heller Haut. Sonnenbaden regt den Köper an, mehr schützendes Melanin zu produzieren – so entsteht Sonnenbräune.

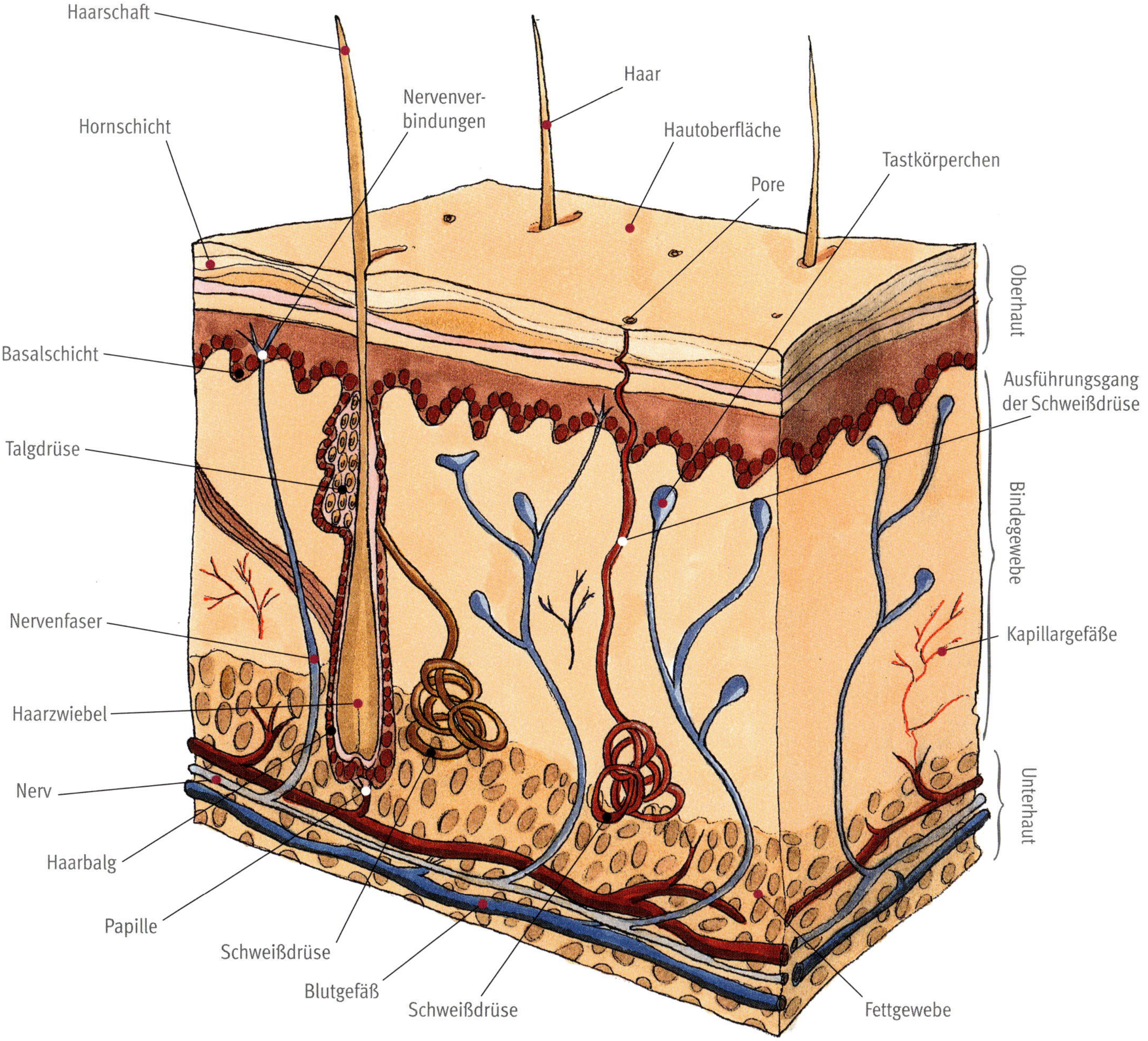

Haarschaft

Nervenverbindungen

Hornschicht

Haar

Hautoberfläche

Pore

Tastkörperchen

Basalschicht

Oberhaut

Ausführungsgang der Schweißdrüse

Talgdrüse

Bindegewebe

Nervenfaser

Kapillargefäße

Haarzwiebel

Nerv

Unterhaut

Haarbalg

Papille

Schweißdrüse

Blutgefäß

Schweißdrüse

Fettgewebe

Dieser Schnitt durch die Haut macht ihre verschiedenen Schichten sichtbar.

Verletzungen der Haut

Die Haut als unsere Außenhülle ist vielen „Angriffen" ausgesetzt. Häufig sind Schürf- und Schnittwunden, die von der Haut selbstständig repariert werden und auch keine Narben hinterlassen. Der Mensch kann jedoch schützend eingreifen und die wunden Stellen, bis sie verheilt sind, mit Pflastern und Verbänden schützen. So wird verhindert, dass Krankheitserreger, Bakterien und Viren über die „undichte Stelle" direkt in den Körper eindringen können.

Brandverletzungen

Kommt es zu größeren Verletzungen, muss der Arzt eingreifen. Besonders problematisch und ausgesprochen schmerzhaft sind Verbrennungen. Sind größere Körperflächen betroffen, verliert der Körper sehr viel Flüssigkeit. Sie muss ersetzt werden. In den Kliniken füllt man die verlorene Flüssigkeit über die Blutadern wieder nach. Da über die verletzten Hautstellen leicht Bakterien und Viren in den Körper eindringen können, müssen die verbrannten Regionen abgedeckt werden. Je nach Schweregrad der Verbrennung ist ein Arzt aufzusuchen.

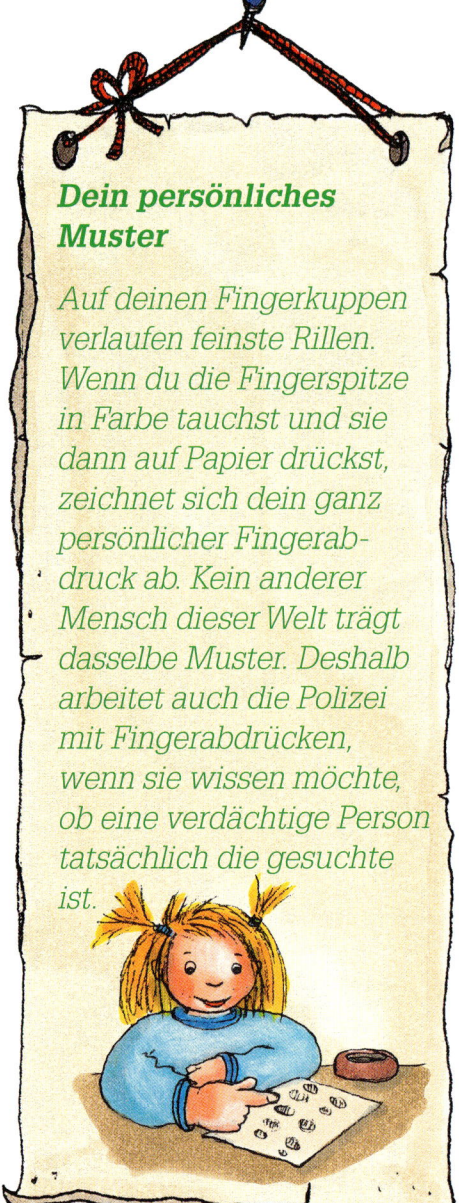

Dein persönliches Muster

Auf deinen Fingerkuppen verlaufen feinste Rillen. Wenn du die Fingerspitze in Farbe tauchst und sie dann auf Papier drückst, zeichnet sich dein ganz persönlicher Fingerabdruck ab. Kein anderer Mensch dieser Welt trägt dasselbe Muster. Deshalb arbeitet auch die Polizei mit Fingerabdrücken, wenn sie wissen möchte, ob eine verdächtige Person tatsächlich die gesuchte ist.

Große Verbrennungsgefahr droht am Meer, da das Wasser die Sonnenstrahlen zusätzlich reflektiert. Gut eincremen!

Was ist ein Sonnenbrand?

Mit dem Sonnenlicht treffen auch die so genannten ultravioletten Strahlen auf die Haut auf. Diese Strahlen können die Hautzellen zerstören und zu Verbrennungen führen. Dann wird die Haut rot und brennt, manchmal wirft sie sogar dicke Blasen. Außerdem ist ein Sonnenbrand auch immer ein kleiner Schritt zum lebensgefährlichen Hautkrebs.

Um einen Sonnenbrand zu vermeiden, solltest du dich durch dünne Kleidung schützen und zusätzlich Sonnenschutzmittel mit hohem Lichtschutzfaktor auftragen. Hast du dir bereits einen Sonnenbrand geholt, hilft dir eine kühlende Quarkauflage. Bis deine Haut geheilt ist, solltest du jedoch keinesfalls mehr in die Sonne gehen. Übrigens: Auch im Schatten ist Sonnenschutz nötig!

Haare

Auch die Haare gehören ins Kapitel „Haut", denn sie sind aus abgestorbenen, verhornten Hautzellen aufgebaut. Die Wurzeln der Haare liegen in der Lederhaut, von dort aus schiebt sich das wachsende Haar durch die Oberhaut an die Luft.

Die meisten Haare wachsen auf dem Kopf. Rund 100 000 Stück sprießen hier und wachsen jeden Monat etwa einen Zentimeter. Haare können ein paar Jahre

Haareschneiden tut nicht weh

Haare und Nägel bestehen aus abgestorbenen Zellen und werden nicht von Nerven „angelaufen". Deshalb spürt man beim Haare- oder Nägelschneiden auch keine Schmerzen.

alt werden und fallen dann wieder aus. Zum Glück kommen aber ständig neue Haare nach, sodass du nicht plötzlich kahlköpfig wirst.

Haare wachsen nicht nur auf dem Kopf, sondern – zum Teil winzig klein – auch auf den übrigen Hautbereichen

deines Körpers, allein die Lippen und die Fußsohlen sind ohne jeglichen Haarbewuchs. Ob du dunkle oder helle Haare hast, hängt wieder davon ab, wie viel des Farbstoffs Melanin (siehe Seite 63) sich in deinen Haarwurzeln befindet. Ältere Menschen bilden weniger Melanin als junge. Deshalb verliert ihr Haar seine Farbe und wird weiß.

Nägel

Auch die Finger- und Fußnägel gehören zur Haut. Der Teil des Nagels, der unter der Haut liegt, heißt Nagelwurzel. Von hier aus wächst der Nagel, der aus hart gewordenen abgestorbenen Hautzellen besteht.

Nägel wachsen übrigens langsamer als Haare, und bei warmem Wetter wachsen sie schneller als bei Kälte.

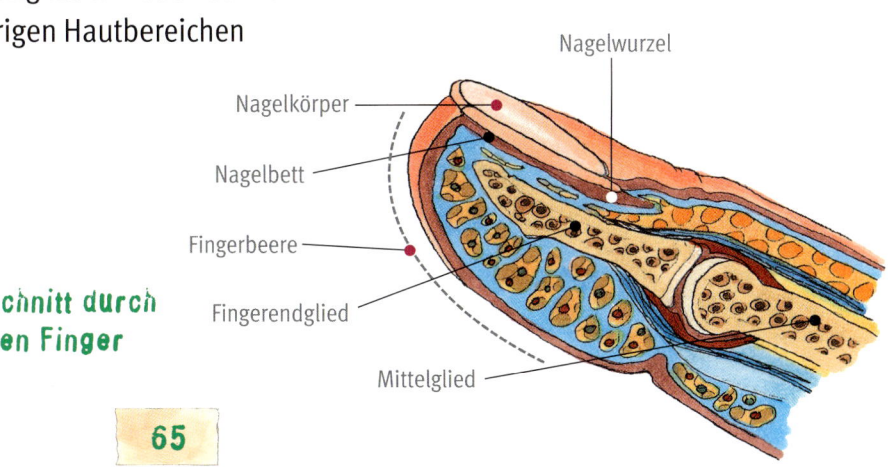

Schnitt durch den Finger

Nagelwurzel
Nagelkörper
Nagelbett
Fingerbeere
Fingerendglied
Mittelglied

Das Skelett

Das Knochengerüst des Körpers nennt man Skelett. Es hält den Körper aufrecht und macht ihn stabil. Ohne deine Knochen würdest du wie ein leerer Kartoffelsack in dich zusammensinken. Das Skelett besteht aus mehr als 200 einzelnen Knochen. Bei der Geburt sind es noch etwas mehr, im Laufe des Wachstums aber verbinden sich einige der kleineren Knochen zu größeren. Der größte Knochen ist übrigens der Oberschenkelknochen, und dein kleinster Knochen sitzt im Ohr.

Kein starres Gerüst

Dein Skelett muss zwar stabil und hart sein, gleichzeitig aber auch sehr biegsam und beweglich. Du musst deinen Kopf in alle Richtungen drehen und deine Beine und Arme beugen können, die Finger sollen greifen und müssen daher gut beweglich sein. Um all das zu ermöglichen, sind viele Knochen durch Gelenke miteinander verbunden. Die Knochenenden treffen nicht direkt aufeinander, sondern wer-

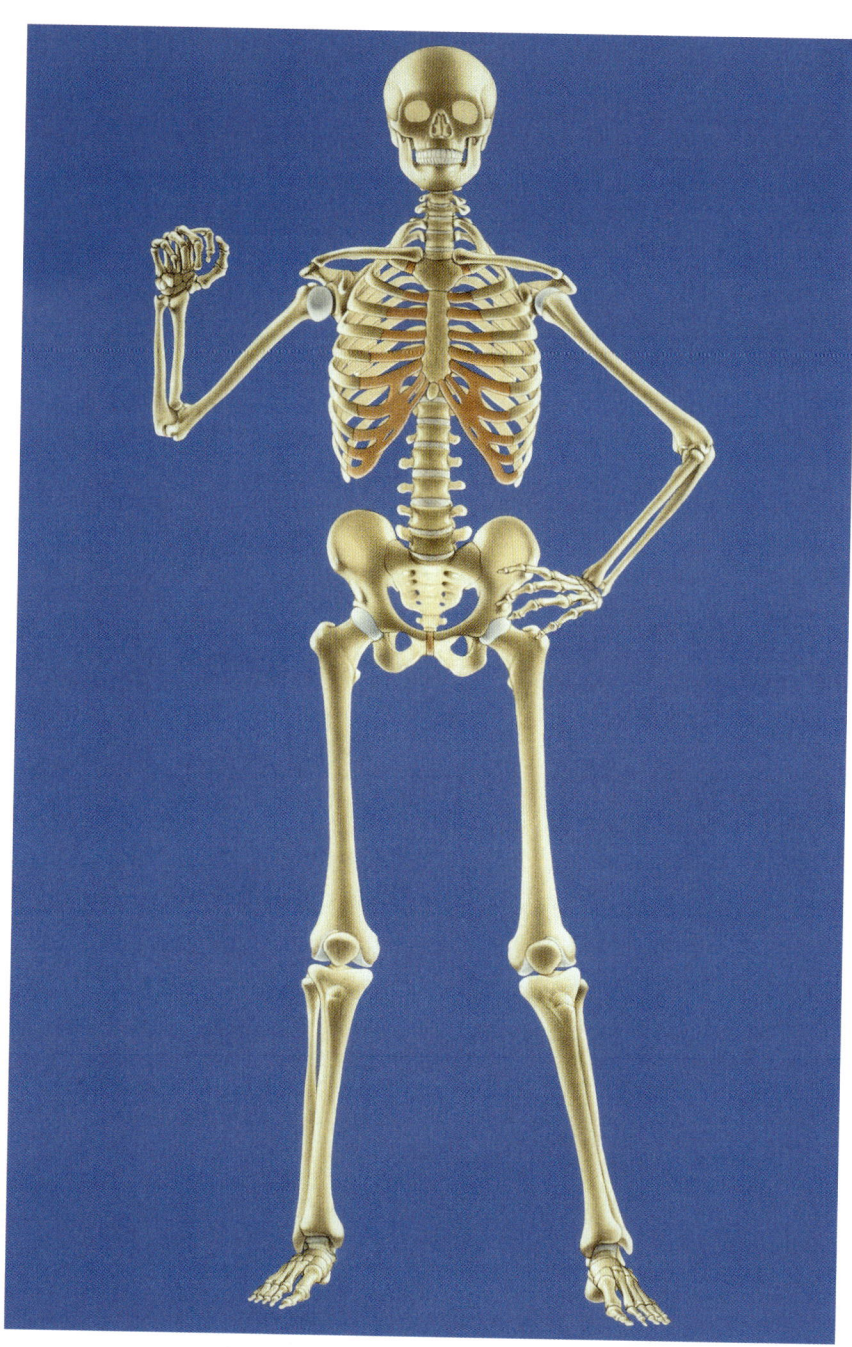

Unser Skelett ist fest und dennoch beweglich: Knochen sorgen für Stabilität, die Gelenke ermöglichen Bewegung.

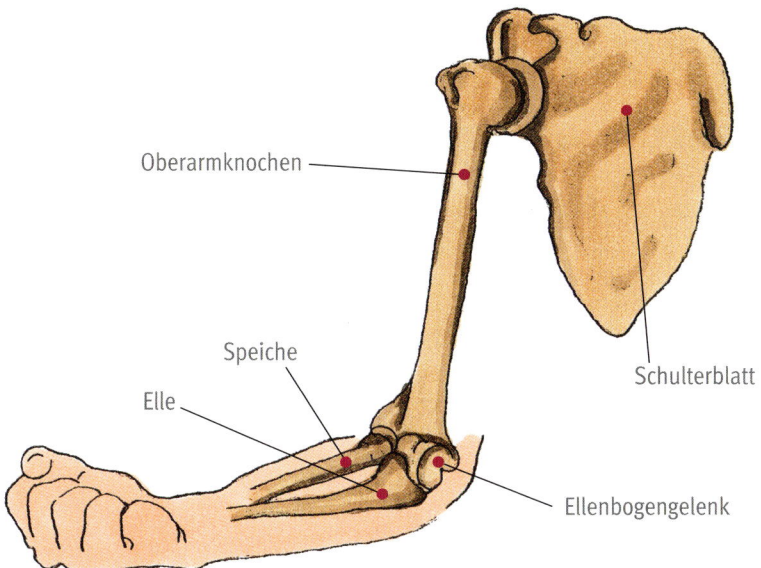

Oberarmknochen

Speiche

Elle

Schulterblatt

Ellenbogengelenk

Der Unterarm ist über ein Scharniergelenk mit dem Oberarm verbunden. Der Oberarmknochen sitzt in einem Kugelgelenk an der Schulter. Dieses ermöglicht die Bewegung in fast alle Richtungen.

den durch einen dünnen Spalt getrennt. In diesem befindet sich eine Flüssigkeit, die das Gegeneinandergleiten der Knochen erleichtert – fast so wie das Schmieröl bei einer Fahrradkette. Um das Gelenk herum sitzen elastische Sehnen und Bänder, die dem Gelenk Halt geben und verhindern, dass die Knochen sich verschieben oder sogar aus dem Gelenk herausrutschen. Gelenke lassen sich heute auch künstlich herstellen und anstelle verbrauchter Gelenke einsetzen. Ein viel verwendetes künstliches Gelenk ist beispielsweise das Hüftgelenk.

Die Wirbelsäule

Deine Wirbelsäule setzt sich aus vielen einzelnen Knochen, den Wirbelkörpern zusammen. Sie sind durch kleinere Gelenke untereinander verbunden. Zwischen den einzelnen Wirbelkörpern liegen die Bandscheiben. Das sind elastische Scheiben, die wie Stoßdämpfer wirken. Wenn du zum Beispiel fest aufhüpfst, wird die Wirbelsäule erheblich gestaucht, doch die Bandscheiben fangen die Wucht des Stoßes ab. Am Abend bist

du übrigens ein kleines bisschen kleiner als am Morgen. Das liegt daran, dass die Bandscheiben durch dein Körpergewicht im Lauf des Tages ein wenig zusammengedrückt werden. Über Nacht, wenn sie im Liegen weitgehend entlastet sind, nehmen sie wieder ihre normale Form an.

Wirbelknochen

Bandscheibe

Stabil und dennoch beweglich: Die Wirbelsäule ist aus einzelnen Wirbelkörpern zusammengesetzt und verleiht dem Körper Halt.

Wie ein großes S

Betrachtet man die Wirbelsäule von der Seite, sieht man, dass sie s-förmig gebogen ist. Dadurch federt sie bei jedem Schritt ein bisschen nach, sodass der Druck auf sie weniger stark wird.

Die Knochen

In deinen Knochen ist ganz schön was los. Ständig wird neuer Knochen dazu und alter abgebaut. Im Inneren der Knochen befinden sich Blutgefäße und Nerven, die die Knochen versorgen. Im Knochenmark einiger Knochen werden auch rote Blutkörperchen gebildet.

Wenn ein Knochen bricht

Hast du dir schon einmal deinen Arm oder dein Bein gebrochen? Dann wirst du bemerkt haben, dass auch der Knochen relativ schnell heilen kann. Zum Glück wachsen zwei Knochenstücke wieder zusammen, wenn man sie eine ganze Weile ruhig aneinander stellt. Dafür sorgt der Gips, den der Arzt an eine

Knochen-Fernsehen

Wenn der Arzt sich nicht sicher ist, ob zum Beispiel deine Hand wirklich gebrochen ist oder ob du sie dir nur verstaucht hast, kann er eine Röntgenaufnahme machen. Mit so genannten Röntgenstrahlen wird dabei ein Bild durch deine Haut hindurch von den Knochen gemacht. Auf so einem Foto sieht man auch sehr kleine Brüche als feine Risse.

gebrochene Gliedmaße anlegt. Manchmal werden zusätzlich Nägel in die Knochen geschlagen, die sicherstellen, dass die Bruchkanten nicht verrutschen. Wenn alles gut zusammengewachsen ist, nimmt man den Gips wieder ab und holt schließlich auch die Nägel wieder heraus. Das geschieht natürlich unter Betäubung.

Gewicht sparen

Damit die Knochen für unseren Körper nicht zu schwer werden und unsere Bewegungsfähigkeit einschränken, sind sie mit vielen kleinen Hohlräumen gefüllt. Außerdem sind die Knochen nur dort dicker und schwerer, wo sie viel Druck oder Gewicht aushalten müssen. Die Hüftknochen sind zum Beispiel schwer und dick, die Unterarmknochen dagegen sehr dünn. Das spart unnötiges Knochengewicht ein. Und trotzdem ist das gesamte Skelett stabil und belastbar. Übrigens können Knochen, die aufgrund einer bestimmten Tätigkeit – wie Gewichtheben – stark belastet werden, dicker und kräftiger werden.

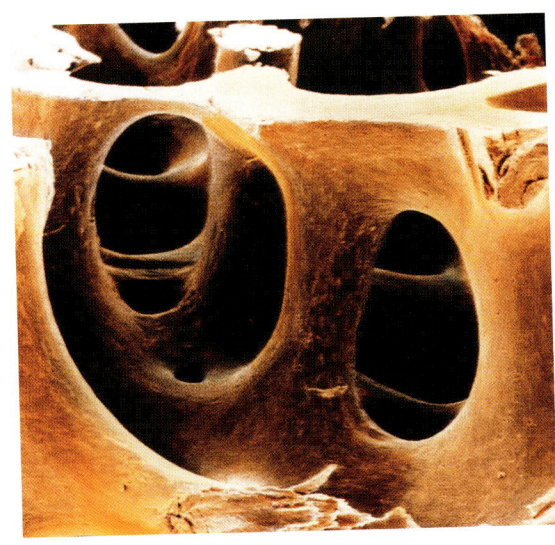

Mit Hohlräumen gespickt, sparen Knochen Gewicht.

So bleibt der Rücken gesund

Sei nett zu deinem Rücken. Deine Wirbelsäule muss dir das ganze Leben lang beim Tragen und Bücken helfen. Du solltest sie also möglichst sorgsam behandeln und schonen. Dabei helfen dir ein paar Tricks, die ich dir hier zeige:

1 Wenn du etwas vom Boden aufhebst, dann halte deinen Rücken gerade und gehe lieber in die Knie.

2 Mache täglich zehn Liegestützen. Das stärkt die Rückenmuskeln, die so deine Wirbelsäule entlasten.

3 Achte darauf, dass dein Schreibtisch ausreichend hoch ist und du dich beim Schreiben nicht zu weit nach unten beugen musst.

4 Wenn du längere Zeit sitzen musst, dann recke und strecke dich regelmäßig zwischendurch.

Diese vier Übungen helfen dir, deinen Rücken zu entspannen:

a Stelle dich mit angewinkelten Armen gegen die Wand und drücke dich fünfmal mit gestreckten Armen ab, wippe dann wieder zur Wand zurück.

b Lasse deine Schultern jeweils zehnmal vor- und zurückkreisen.

c Lege dich auf den Rücken und rolle dich klein zusammen, indem du deine Knie anwinkelst und festhältst. Bleibe eine Weile so liegen.

d Lege dich auf den Bauch und strecke deine Arme über dem Kopf aus. Hebe dann deine Arme etwas an und wippe mit dem Oberkörper auf und ab.

Die Muskeln

Insgesamt hast du zirka 650 Muskeln. Sie machen ungefähr die Hälfte deines ganzen Körpergewichts aus. Alle Körperteile sind mit Muskeln ausgestattet: deine Arme und Beine, das Gesicht, die Haut und die Augen, aber auch das Herz und die Verdauungsorgane. Muskeln machen Bewegung erst möglich.

Die Lage der Muskeln ist entscheidend

Muskeln können sich nur in eine Richtung zusammenziehen und sich dann wieder in die entgegengesetzte Richtung entspannen. Je nachdem, an welcher Stelle der Knochen sie befestigt sind, können sie diese in ganz verschiedene Richtungen bewegen. Unsere Hand zum Beispiel ist unglaublich beweglich. In ihr sitzen viele kleine Muskeln, die für die Bewegungsabläufe zusammenarbeiten. Weit weniger beweglich ist hingegen unser Unterarm. Er lässt sich vom Ellenbogengelenk aus nur auf- oder abklappen.

So sieht es im Muskel aus

Wenn man einen Muskel wie eine Wurst aufschneidet, sieht man, dass er aus einzelnen Bündeln besteht. Jedes dieser Bündel setzt sich aus kleinen Muskelstreifen zusammen, die wieder in noch kleinere Fädchen unterteilt sind. Winzige Nerven in den Muskeln geben dem Muskel die Information, wie er sich anspannen soll. Außerdem führen in den Muskel viele Blutgefäße, die ihn mit Nährstoffen versorgen.

Drei Muskelarten

In unserem Körper gibt es drei Muskelarten: die Skelettmuskulatur, die glatte Muskulatur und die Herzmuskulatur.
Die Skelettmuskulatur ist mit Sehnen an den Knochen befestigt. Diese Muskeln bewegen deine Arme und Beine. Du kannst selbst bestimmen, ob du sie anspannen oder entspannen möchtest.
Deine inneren Organe, wie zum Beispiel dein Darm, bestehen

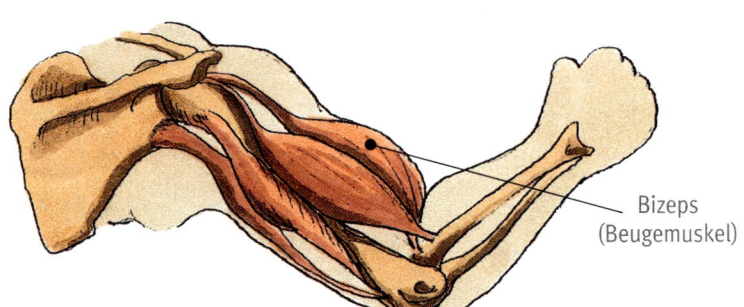

Bizeps
(Beugemuskel)

Wenn sich der Beugemuskel oder Bizeps verkürzt, zieht er den Unterarm nach oben.

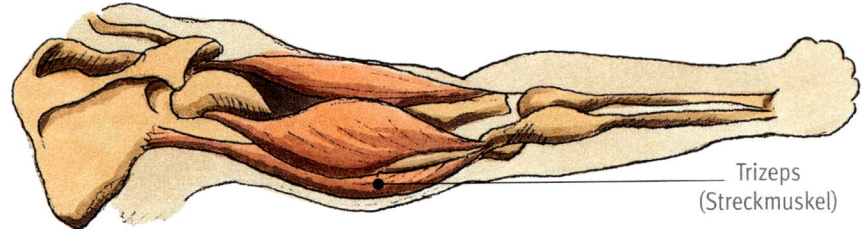

Trizeps
(Streckmuskel)

Wird der Trizeps angespannt, so streckt sich der Arm wieder.

aus glatter Muskulatur. Sie arbeitet von ganz alleine, und du hast darauf gar keinen Einfluss. Glatte Muskeln befinden sich auch in deiner Haut. Wenn sie sich anspannen, bekommst du eine Gänsehaut. Die Herzmuskulatur befindet sich in deinem Herzen. Sie ist dauernd aktiv, ohne dass du daran denken musst.

Macht Sport Muskeln? Wenn du deine Muskeln durch Sport trainierst, werden sie mit der Zeit dicker und deshalb stärker. Trotzdem: Die Zahl deiner Muskeln bleibt gleich.

Muskelkater

Wenn du bisher wenig Sport getrieben hast, bei dem auch die Arme beansprucht werden, und du eines Tages schwere Kisten schleppen musst, werden dir deine Arme abends recht weh tun. Ein Muskelkater macht sich bemerkbar. Die Schmerzen kommen daher, dass die Muskeln beim Kistenschleppen Milchsäure produzieren, die nicht so schnell abgebaut werden kann und in den Muskeln liegen bleibt. Gegen Muskelkater hilft nur weiter die Muskeln bewegen, da dadurch die Milchsäure wieder beseitigt werden kann.

Fratzen schneiden

Wenn du Freunden Grimassen schneidest, müssen deine Gesichtsmuskeln ziemlich viel Arbeit leisten. Kein Teil deines Körpers hat mehr Muskeln als das Gesicht. In ihm arbeiten nämlich insgesamt ungefähr 50 Stück. Je nachdem, ob du den einen oder anderen Muskel etwas mehr anspannst, kann aus einem freundlichen Lächeln plötzlich einer bitterböser Blick werden.

Rund 50 Gesichtsmuskeln sind aktiv, wenn du Grimassen schneidest.

Die Geschlechtsorgane

Jungen und Mädchen unterscheiden sich durch ihre Geschlechtsorgane. Einige dieser Organe liegen im Körper, andere kann man von außen sehen. Die Geschlechtsorgane entwickeln sich erst im Lauf der Zeit zu ihrer vollen Größe. Der entscheidende Zeitraum ist dabei die Pubertät (siehe Seite 74).

Die Geschlechtsorgane des Mädchens

Bei Mädchen sind als äußere Geschlechtsorgane nur die großen Schamlippen sichtbar. Sie wölben sich über die Schamspalte und schützen sie. Wenn man die Schamlippen etwas auseinander spreizt, erkennt man ganz vorne eine kleine Erhebung, den Kitzler. Dahinter

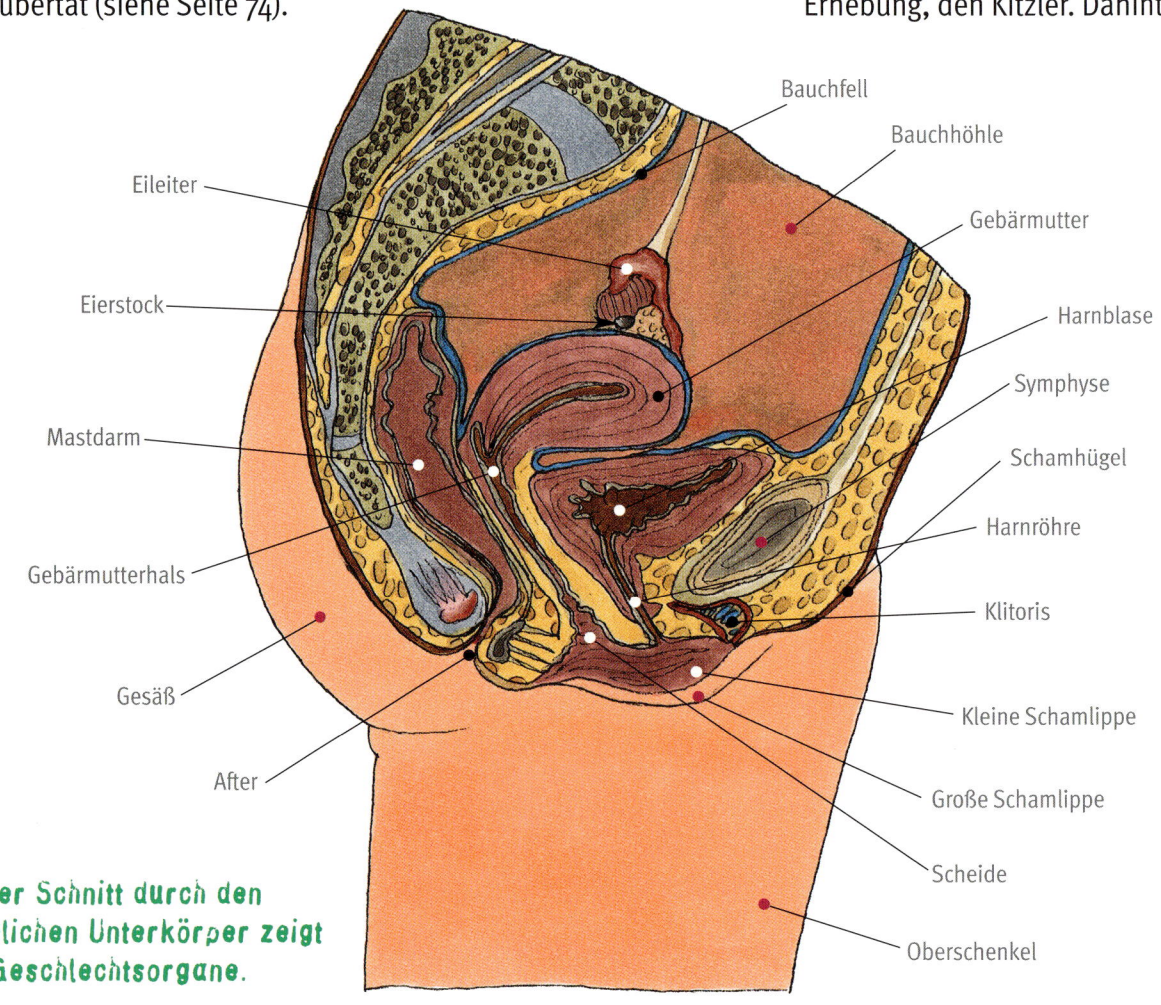

Eileiter

Eierstock

Mastdarm

Gebärmutterhals

Gesäß

After

Bauchfell

Bauchhöhle

Gebärmutter

Harnblase

Symphyse

Schamhügel

Harnröhre

Klitoris

Kleine Schamlippe

Große Schamlippe

Scheide

Oberschenkel

Dieser Schnitt durch den weiblichen Unterkörper zeigt die Geschlechtsorgane.

befindet sich eine kleine Öffnung. Das ist der Ausgang der Harnröhre, durch den Urin aus dem Körper fließt. Auf diese Öffnung folgt der Eingang in die Scheide. Die Scheide führt weiter zur Gebärmutter, von der sie durch den Muttermund getrennt ist. Von der Gebärmutter, die tief unten im Bauch liegt, geht links und rechts jeweils ein Gang ab, der Eileiter heißt. Jeder Eileiter führt zu einem Eierstock. Dort werden von der Geburt eines Mädchens an Eizellen gelagert, die ab der Pubertät reifen. Aus ihnen können neue Menschen entstehen.

Die Geschlechtsorgane des Jungen

Die äußeren Geschlechtsorgane des Jungen sind das Glied und der Hodensack. In diesem befinden sich die beiden Hoden, in denen ab Beginn der Pubertät Samenzellen produziert werden. Die Spitze des Gliedes ist die Eichel, die durch die Vorhaut geschützt wird. An ihrem Ende liegt eine kleine Öffnung. Dabei handelt es sich um den Ausgang der Harnröhre, die durch das Glied verläuft. Links und rechts von den Hoden gehen jeweils Samenleiter ab, über die später auch die Samenzellen in die Harnröhre und dann

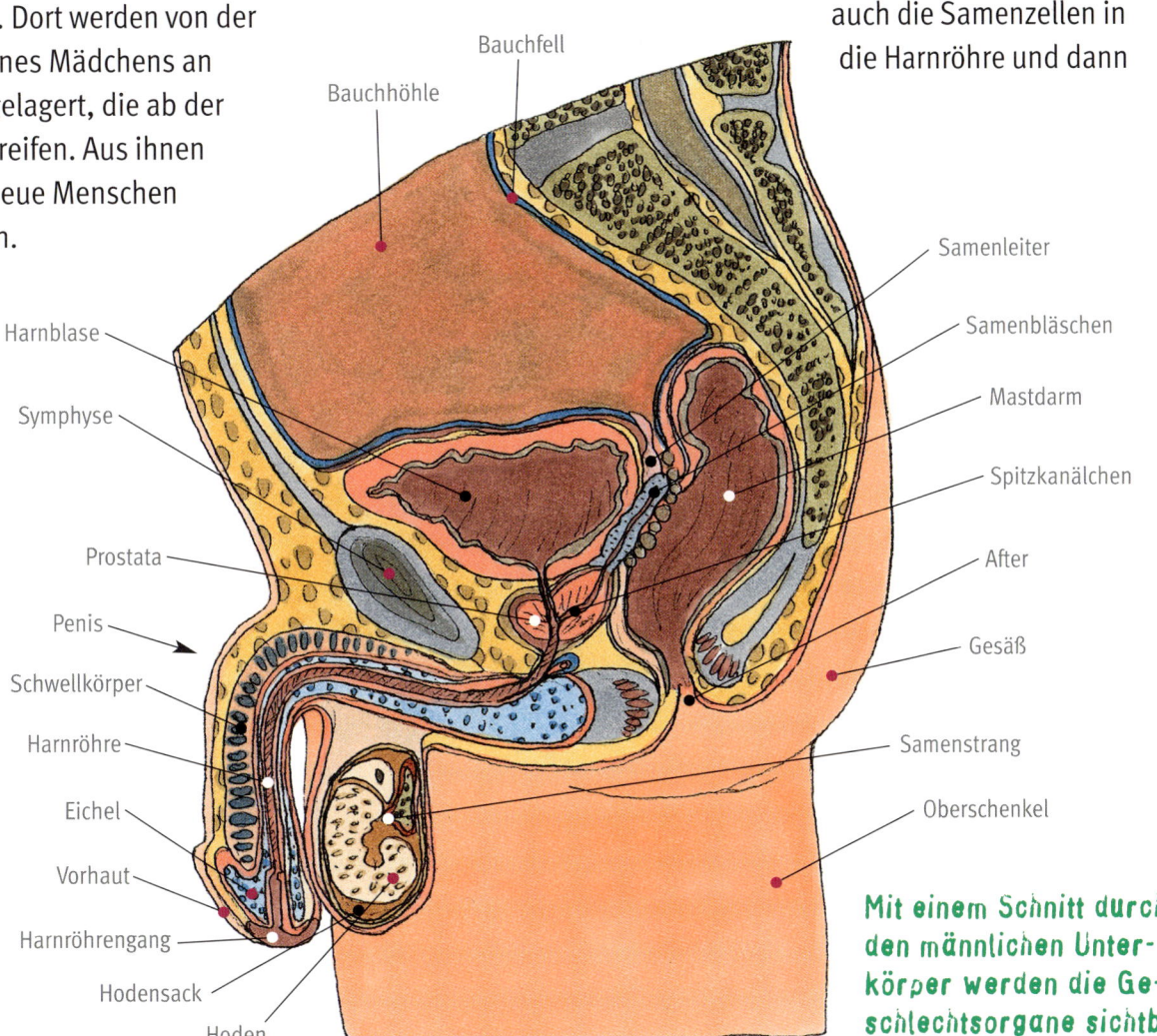

Bauchfell
Bauchhöhle
Harnblase
Symphyse
Prostata
Penis
Schwellkörper
Harnröhre
Eichel
Vorhaut
Harnröhrengang
Hodensack
Hoden

Samenleiter
Samenbläschen
Mastdarm
Spitzkanälchen
After
Gesäß
Samenstrang
Oberschenkel

Mit einem Schnitt durch den männlichen Unterkörper werden die Geschlechtsorgane sichtbar.

nach draußen fließen. Es kann aber immer nur entweder Urin oder Sperma durch das Glied strömen.

Pubertät

Als Pubertät bezeichnet man die Zeit, in der sich aus Kindern allmählich fortpflanzungsfähige Frauen und Männer entwickeln, die also selbst Kinder zeugen können. In dieser Phase der Entwicklung beginnt der Körper von Jungen und Mädchen sich zu verändern. Einen großen Beitrag dazu leisten die Hormone. Die Pubertät setzt bei Mädchen zwischen dem achten und vierzehnten Lebensjahr ein, bei Jungen beginnt sie etwa ein Jahr später.

Die Pubertät beim Mädchen

Das erste sichtbare Zeichen der beginnenden Pubertät des Mädchens sind die Haare, die um die Scheide herum, aber auch unter den Armen wachsen. Der Körper nimmt nun ebenfalls andere Formen an: Die Hüften werden breiter, und auch die Brust bildet sich aus. Anfangs ist sie eher spitz und knospen-

förmig, allmählich aber wird sie rundlich. Manchmal wächst auch eine Brust schneller als die andere.

Mit ungefähr 13 Jahren bekommt ein Mädchen seine erste Regelblutung, auch Monatsblutung oder Menstruation genannt. Dabei tritt alle vier Wochen für einige Tage Blut aus der Scheide aus. Am Anfang sind diese Blutungen noch sehr unregelmäßig, mit der Zeit spielt sich jedoch ein regelmäßiger Rhythmus ein. Die Regelblutung hängt mit einem komplizierten Prozess zusammen, dessen Sinn es ist, die Gebärmutter darauf vorzubereiten, dass sich eine befruchtete Eizelle einnistet und ein Baby heranwachsen kann. Dazu wird die Gebärmutter mit einer dicken Schleimhaut ausgekleidet. Kommt innerhalb von vier Wochen keine befruchtete Eizelle in der Gebärmutter an, dann wird die Schleimhaut wieder abgestoßen, und sie verlässt als Regelblutung den Körper.

Die Pubertät des Mädchens wird äußerlich durch das Wachsen der Schamhaare und der Brust sowie durch eine Dehnung des Beckens deutlich.

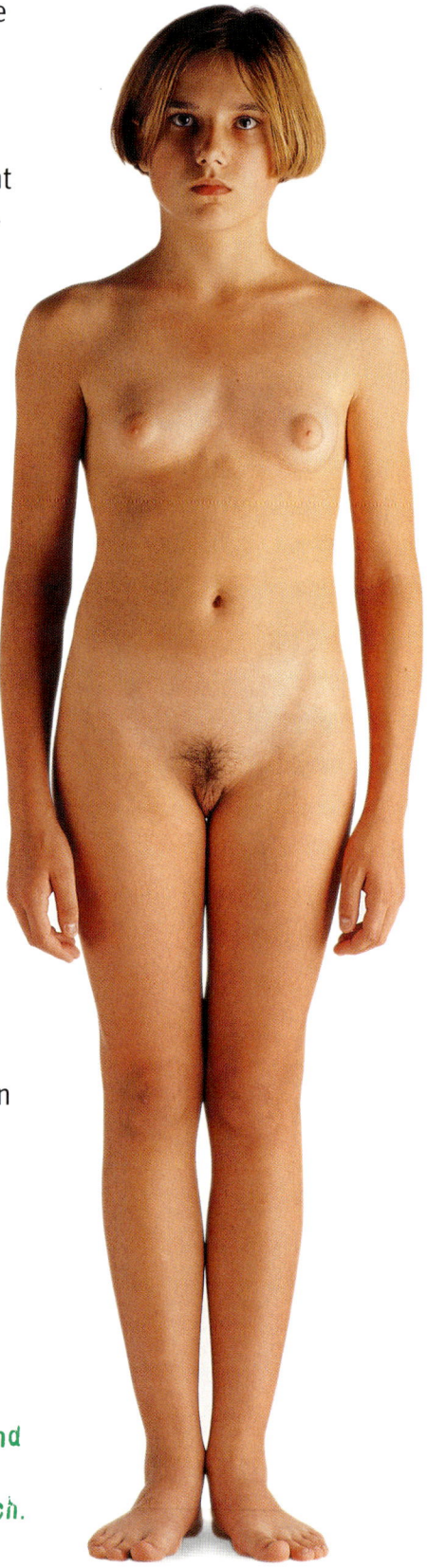

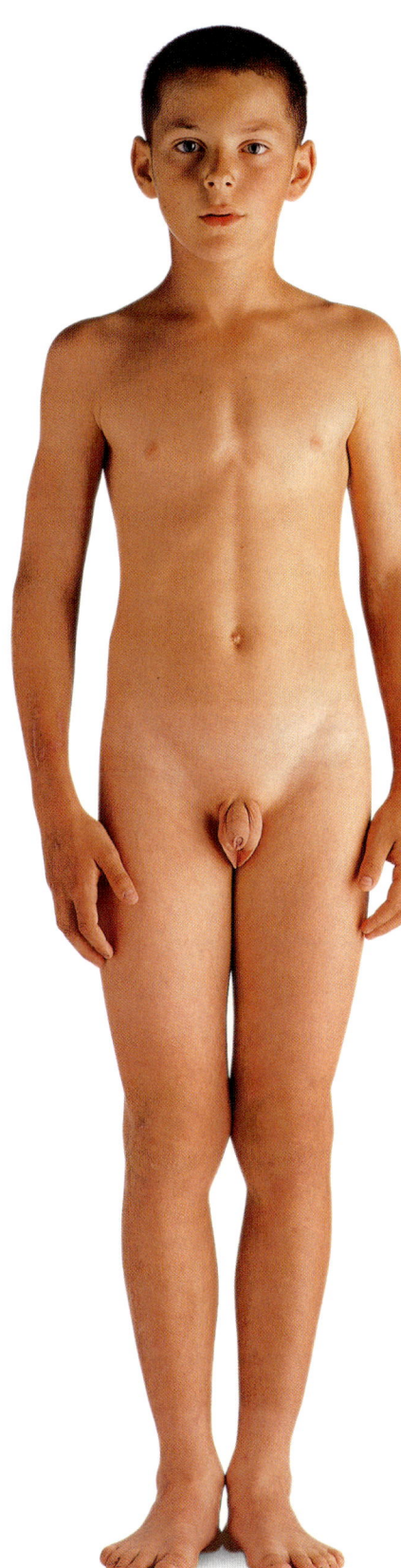

Reifung der Eizellen

In der Pubertät reifen in den Eierstöcken auch allmählich die Eizellen heran. Alle vier Wochen springt ein reifes Ei aus dem Eierstock in den Eileiter und wandert in Richtung Gebärmutter. Wenn es auf dieser Strecke zu keiner Verschmelzung mit einer Samenzelle gekommen ist, wird das Ei bei der Menstruation mit ausgeschieden.

Die Pubertät beim Jungen

Bei Jungen vergrößert sich zunächst der Hoden. Etwas später wachsen, ähnlich wie bei den Mädchen, Haare in den Achselhöhlen, in der Gegend des Gliedes und der Hoden. Auch die Körperbehaarung an der Brust und manchmal auch an Armen und Beinen wird dichter. Im Gesicht sprießt nun der erste Bartflaum.

Zeichen für die Pubertät des Jungen sind die ersten sprießenden Bart- und Schamhaare, die breiter werdenden Schultern und Arme sowie eine tiefere Stimme.

Der Körper bildet bestimmte Geschlechtshormone aus, welche in den Hoden die Samenzellen, auch Spermien genannt, heranreifen lassen. In der Pubertät kommt es zu den ersten Samenergüssen. Dabei spritzt eine weißliche Flüssigkeit aus dem Glied, die Spermien enthält. Häufig geschehen diese Samenergüsse nachts, ohne dass der Junge es merkt. In der Pubertät bekommen Jungen mit dem Stimmbruch auch eine tiefere Stimme, weil ihre Stimmbänder wachsen. Außerdem werden ihre Brust und die Schultern breiter.

Jetzt ist alles anders

Die Geschlechtshormone, die in der Pubertät ihre Arbeit aufnehmen, bringen zunächst einmal vieles durcheinander. Vielleicht bekommst du plötzlich dicke Pickel, oder du schwitzt sehr stark. Auch deine Gefühle können Achterbahn fahren. Mal ist dir zum Heulen zumute, und gleich anschließend könntest du nur noch lachen. Nach einiger Zeit aber normalisiert sich dein Zustand wieder.

So entsteht ein Baby

Damit ein Baby entstehen kann, müssen viele Dinge zusammenpassen. Am Anfang aber steht der Geschlechtsverkehr oder Sex zwischen Mann und Frau.

Geschlechts- verkehr – Sex

Wenn ein Mann und eine Frau sich sehr lieben oder sexuelle Lust empfinden, wollen sie sich körperlich sehr nahe sein, sich streicheln und küssen. Dann genießen sie es, ihre nackten Körper zu spüren. Frau und Mann werden dabei sehr erregt, und das Glied des Mannes schwillt an und wird hart. So kann er es leicht in die Scheide der Frau stecken und es darin hin- und herbewegen. Beide Partner empfinden dabei ein sehr großes Glücksgefühl, das seinen Höhepunkt im so genannten Orgasmus findet. Aus dem Glied spritzt zu diesem Zeitpunkt eine weißliche Flüssigkeit, in der etwa 300 Millionen Samenzellen schwimmen, in die Scheide der Frau.

Befruchtung

Wenn die Spermien in die Scheide der Frau kommen, beginnt ein Wettrennen Richtung Eizelle. Mit Hilfe ihrer Schwänze peitschen sich die Samenzellen vorwärts und versuchen, aus der Scheide in die Gebärmutter und von dort aus weiter in die Eileiter zu gelangen. Nur ungefähr hundert Spermien schaffen es überhaupt, dieses Etappenziel zu erreichen.

Befindet sich eine reife Eizelle auf der Wanderung vom Eierstock zur Gebärmutter gerade im Eileiter, hat ein Spermium vielleicht Glück. Es wird versuchen, in die Eizelle einzudringen. Gelingt das, verschmelzen die beiden, und kein weiteres Spermium kann mehr in die Eizelle schlüpfen. Die Eizelle ist nun bereits befruchtet. Einige

Der Austausch von Zärtlichkeiten kann am Anfang des Geschlechtsverkehrs stehen.

Die Bausteine deines Körpers

Dein gesamter Körper ist aus einer Eizelle und aus einer Samenzelle entstanden. Nachdem die beiden verschmolzen sind und sich geteilt haben, konnten sich ständig neue Zellen entwickeln. Diese Zellteilung setzt sich fort, bis du irgendwann einmal nicht mehr wächst. Jedes deiner Organe besteht aus vielen einzelnen Zellen, ähnlich wie ein Haus aus vielen Legobausteinen. In den Zellen wird die Kraft hergestellt, die du zum Leben brauchst. Den Treibstoff dafür bekommst du, indem du jeden Tag isst und trinkst. Die Zellen sind auf bestimmte Aufgaben spezialisiert. Eine Sinneszelle im Auge teilt dem Gehirn zum Beispiel mit, was du gesehen hast.

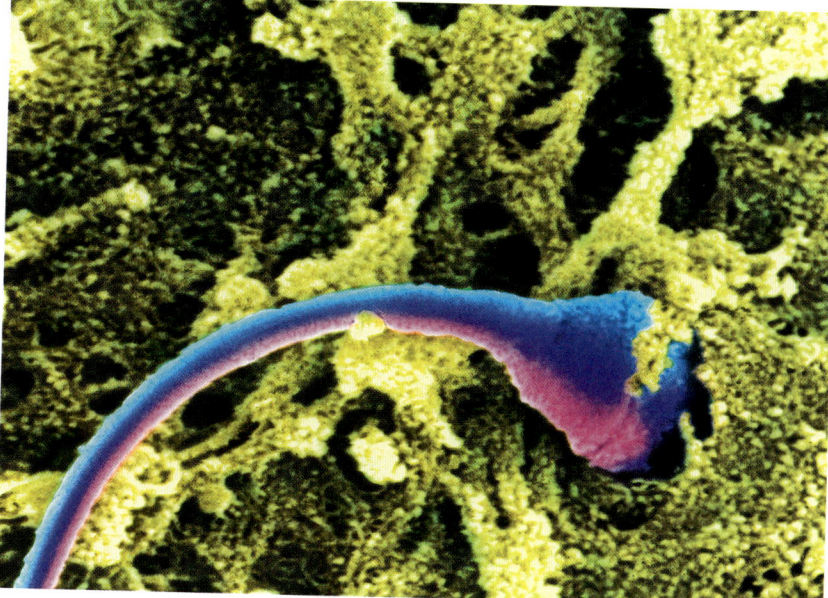

Geschafft: Dieses Spermium dringt in die Eizelle ein.

Zellkern

Stunden nach dieser Vereinigung teilt sie sich in zwei Zellen. Wieder ein paar Stunden später teilt sich die Zelle nochmals, und so geht es dann immer weiter, bis eine ganze Zellkugel entsteht. Diese Kugel gleicht einer Maulbeere, und deshalb nennen sie die Mediziner auch Morula – das ist der lateinische Name für die uns allen bekannte Frucht.

Einnistung in Gebärmutter

Während dieser Teilungen wandert die Eizelle weiter zur Gebärmutter und erreicht sie nach ungefähr fünf bis sechs Tagen. Die Gebärmutter ist mit einer dicken Schleimhaut auf den Gast vorbereitet, und dieser kann sich nun in der Wand einnisten und weiterwachsen. Die Mama des Babys produziert jetzt eine Reihe weiterer Hormone, die für den neuen „Wohnungsbau" und das Wohlbefinden des heranwachsenden Wesens notwendig sind.

Mehrlinge

Schon diese erste Phase entscheidet, ob sich vielleicht Zwillinge entwickeln. Sind zwei Eier durch den Eileiter gewandert und wurden dort befruchtet, können sich beide auch in der Gebärmutter einnisten.

Ein neuer Mensch wächst heran

Allmählich wächst in der Gebärmutter ein Kind heran. Bereits nach wenigen Wochen schlägt das Herz, und nach acht bis zehn Wochen zeichnet sich auf dem Ultraschallgerät schon recht gut ein Baby ab. Mit etwa drei Monaten kann sich der Winzling bewegen und sogar an seinem Daumen lutschen. Nach ungefähr vier Monaten wachsen ihm Haare und Wimpern. Mit sieben Monaten könnte das Baby bereits selbstständig atmen, wenn es zur Welt käme. Es wäre also lebensfähig.

In den letzten Wochen vor der Geburt wird der Platz für das Kind im Bauch eng.

Enger Kontakt

In den letzten Monaten im Bauch der Mutter wird das Baby nur noch dicker und schwerer. Es bekommt jetzt schon sehr viel von seiner Außenwelt mit, hört die Stimme seiner Mutter oder spürt, wenn sie sich bewegt. Ihr Bauch wird immer dicker. Das Baby muss noch

sehr viel schlafen – wenn es aber wach ist, bewegt es sich heftig und übt Schlucken und Saugen. Es befindet sich in einem mit warmer Flüssigkeit gefüllten Beutel, der es vor Verletzungen und Stößen schützt. Weil es darin nicht atmen und essen kann, wird es über einen dicken „Blut-Schlauch", die Nabelschnur, versorgt. Ein Ende

dieses Schlauchs ist mit dem Bauch des Babys, das andere mit dem Mutterkuchen in der Gebärmutter seiner Mama verbunden. Der Mutterkuchen besteht aus vielen, vielen Blutgefäßen. In ihnen werden die Nährstoffe und der Sauerstoff aus dem Blut der Mama in das Blut des Babys transportiert. Alles, was die Mutter isst oder trinkt, gelangt über ihr Blut auch zum Baby. Deshalb sollte sich eine schwangere Frau gesund ernähren, keinen Alkohol trinken und nicht rauchen, weil sonst ihr Baby schon „mitrauchen" muss.

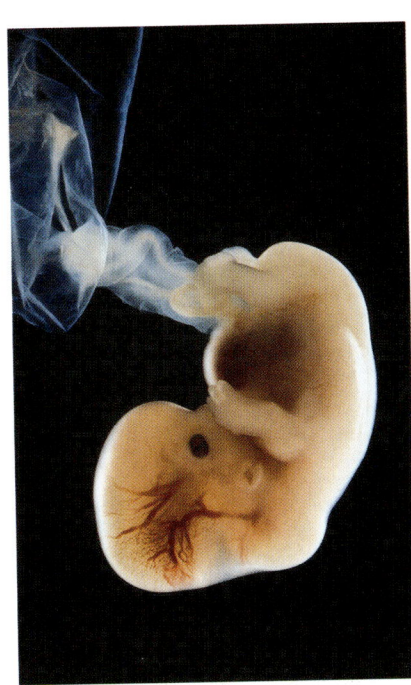

Noch ist es erst wenige Wochen alt: Der Kopf ist vergleichsweise groß.

Die Geburt

Nach neun Monaten wird es dem Baby allmählich zu eng in seinem „Haus". Auch für die Mutter wird es anstrengend, weil das Baby in ihr schon schwer und groß ist. Dass die Geburt kurz bevorsteht, be-

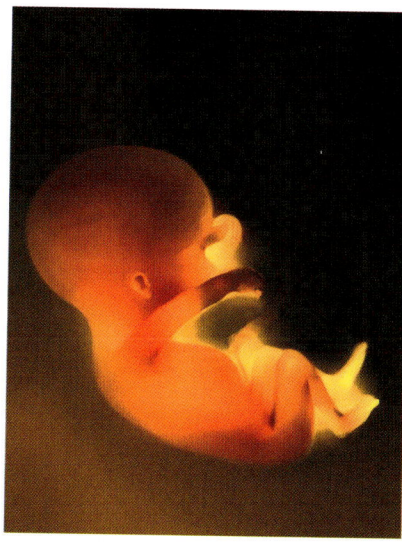

Die Glieder entwickeln sich, die Organe werden nach und nach ausgebildet.

merkt die Frau an einem Ziehen in ihrem Bauch. Die Muskeln der Gebärmutter ziehen sich nämlich nun zusammen. Nach und nach verstärkt sich das Ziehen, wird immer häufiger und bereitet der Mutter mehr oder weniger starke Schmerzen. Man nennt das „Wehen". Nach und nach weitet sich der Gebärmut-

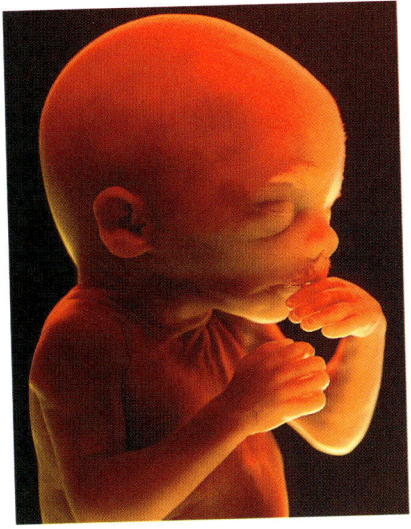

Das Kind kann nun mit seinen Händen „spielen".

terhals, also das untere Ende der Gebärmutter, und das Baby rutscht mit dem Kopf voran Stück für Stück nach unten. Irgendwann reißt auch der Flüssigkeitssack auf, in dem sich das Baby befindet. Die Muskeln der Gebärmutter ziehen sich nun regelmäßig mit enormer Kraft zusammen. Außerdem hilft die Mama unter Schwerstarbeit mit, das Baby in die Welt zu pressen. Und dann sind irgendwann die Haare des Kindes am Scheidenausgang zu erkennen. Nach und nach werden der ganze Kopf, dann die Schultern und allmählich der ganze Körper geboren. Nach kurzer Zeit an der Luft tut das Baby seinen ersten Atemzug und schreit. Noch ist es mit seiner Mutter durch die

Nabelschnur verbunden, doch nach einigen Minuten klemmt die Hebamme sie ab, und das Baby verlässt sich nun auf seinen eigenen Blutkreislauf. Die Haut des Neugeborenen ist noch mit Käseschmiere bedeckt. Das ist eine Art Fett-Schutzfilm, der die Haut vor Austrocknung geschützt hat. Die Hebamme trocknet das Baby ab und legt es der Mama zum ersten Mal an die Brust. Ohne dass es ihm irgendjemand jemals gezeigt hätte, kann das Baby sofort saugen; dieser Reflex ist also bereits angeboren.

Nachgeburt

Nach ungefähr einer halben Stunde setzen bei der Mutter nochmals Wehen ein. Jetzt löst sich der Mutterkuchen von der Gebärmutterwand. Die Hebamme zieht vorsichtig an dem Ende der Nabelschnur, das noch aus der Scheide heraushängt. Mit ihr zusammen tritt der Mutterkuchen durch die Scheidenöffnung nach draußen. Nun ist die Geburt endgültig geschafft.

Das Neugeborene

Zunächst einmal muss der gerade geborene Mensch noch ganz viel schlafen. Wenn er wach ist, verwendet er seine ganze Energie, um zu trinken und damit Nahrung zum Wachsen aufzunehmen. Manchmal strengt das Saugen Babys so an, dass sie einfach an der Brust einschlafen. Ein Neugeborenes trinkt im Abstand von zwei bis drei Stunden. In den ersten Tagen ist die Menge des Getrunkenen noch sehr gering. Von Tag zu Tag wird der Durst des Kleinen jedoch größer, und die Brust der Mutter produziert automatisch mehr Milch.

Schrumpelige Haut

In den ersten Tagen nach der Geburt sehen Babys oftmals noch etwas zerknautscht aus. Ihre Haut ist faltig und schilfert sich teilweise ab. Manche Babys haben auch einen etwas verbeulten oder schiefen Kopf. Das liegt daran, dass er während der Geburt und auf dem Weg durch den engen Geburtskanal etwas zusammengequetscht wurde oder die Saugglocke

angesetzt werden musste. Nach einigen Tagen oder Wochen aber hat sich alles normalisiert.

Erster Stuhlgang

In den ersten Lebensstunden entleeren Babys einen zähen schwarz-grünlichen Stuhl, den man Mekonium oder Kindspech

nennt. Er enthält das, was das Baby im Mutterleib mit dem Fruchtwasser geschluckt hat. Allmählich wird dann der Stuhlgang weich und gelblich, wie das bei einem Baby normal ist, das an der Brust Muttermilch trinkt.

Ständig Geschrei

Neugeborene schreien sehr viel, jedoch ist ihre Stimme noch relativ leise und wird sich erst in den folgenden Wochen verstärken. Da Babys noch nicht sagen können, wenn sie etwas wollen, oder wenn ihnen etwas weh tut, hat ihnen die Natur die Möglichkeit des Schreiens mitgegeben.

Eine Mama merkt sehr bald, ob ihr Baby schreit, weil es Hunger oder Bauchweh hat, weil es müde ist oder einfach in den Arm genommen werden will, und sie wird darauf entsprechend reagieren.

Viel Ruhe

Für Mama und Baby war die Geburt ein sehr anstrengendes Ereignis. Beide brauchen jetzt viel Ruhe und Zeit füreinander. Besonders beim Stillen dürfen sie nicht gestört werden, da sonst die Muttermilch nicht mehr so gut fließt und das Baby schlecht trinkt.

Wachstum und Altern

Nachdem Eizelle und Samenzelle miteinander verschmolzen sind, kam es zu den ersten Zellteilungen. Das war der Start für dein Wachstum. Innerhalb der nächsten neun Monate bist du rasant schnell gewachsen. Aus einer mikroskopisch kleinen Zelle hast du dich zu einem rund 50 Zentimeter langen und etwa drei bis dreieinhalb Kilogramm schweren Baby entwickelt. Auch nach der Geburt wachsen Babys noch verhältnismäßig schnell. Mit einem Jahr sind sie schon ungefähr 75 Zentimeter lang und wiegen dreimal so viel wie bei der Geburt. Je älter der Mensch wird, desto langsamer wächst er. In der Pubertät setzt noch einmal ein kräftiger Wachstumsschub ein. Mit etwa zwanzig Jahren hört der Körper dann endgültig auf zu wachsen.

Ehe man sich's versieht, ist man seinem Kinderbett entwachsen

Die Körpergröße

Welche Größe du als Erwachsener endgültig erreichst, ist zum großen Teil durch deine Gene bestimmt. Sie tragen die Informationen, die dir von deinen Eltern vererbt wurden. Wenn dein Vater und deine Mutter sehr groß sind, wirst du wahrscheinlich später auch einmal recht groß werden. Andere Dinge scheinen hier aber ebenfalls ein Rolle zu spielen. Die Menschen heute werden von Gene-

ration zu Generation größer. Sicherlich ist dir in einem Volkskunde-Museum schon einmal aufgefallen, dass die Betten früher wesentlich kürzer waren als

heute. Das liegt daran, dass damals auch die Menschen kleiner waren.

Ungleichmäßiges Wachstum

Im Laufe des Lebens wachsen nicht immer alle Körperteile gleich schnell. Der Kopf eines Babys ist sehr groß im Verhältnis zu seinen kurzen Armen und Beinen. Später wächst der Kopf nur noch sehr langsam, während der Rumpf, die Arme und die Beine zulegen. Bei einem Erwachsenen wirkt daher der Kopf eher klein im Verhältnis zu seinen Gliedmaßen und seinem übrigen Körper.

Rund zwanzig Jahre vergehen, bis der Mensch seine endgültige Größe erreicht hat.

Warum man älter wird

Der Körper erneuert ständig Abgenütztes oder Verletztes. Wenn ein Mensch alt wird, funktionieren diese „Erneuerungsprozesse" nicht mehr so gut, und die Organe werden ohne dieses ständige „Ersatzteillager" von neuen Zellen älter und anfälliger für Krankheiten. Die Haut wird zum Beispiel schlaffer und runzliger. Die Leistung des Gehirns lässt nach, und auch die Augen und Ohren funktionieren nicht mehr so gut. Deshalb benötigen ältere Menschen häufig Lesebrillen oder Hörgeräte.

Bessere Lebensbedingungen

Früher wurden die Menschen lange nicht so alt wie heutzutage. Das liegt daran, dass wir uns besser ernähren, komfortabler leben und körperlich weniger hart arbeiten müssen. Eine gute medizinische Versorgung sorgt dafür, dass Krankheiten gute Heilungschancen haben.

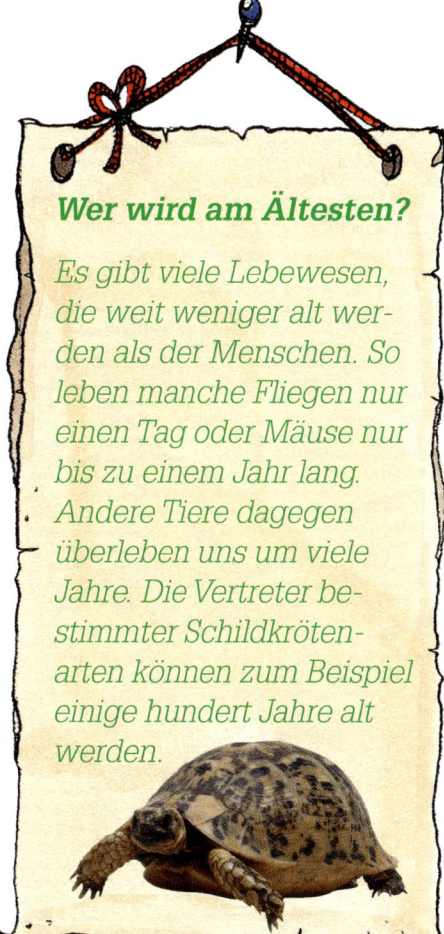

Wer wird am Ältesten?

Es gibt viele Lebewesen, die weit weniger alt werden als der Menschen. So leben manche Fliegen nur einen Tag oder Mäuse nur bis zu einem Jahr lang. Andere Tiere dagegen überleben uns um viele Jahre. Die Vertreter bestimmter Schildkrötenarten können zum Beispiel einige hundert Jahre alt werden.

So entwickelt sich der Mensch

Die meisten Tiere können, wenn sie auf die Welt kommen, sofort stehen, laufen oder schwimmen.

Im ersten Lebensjahre muss der Mensch Unmengen lernen: ...

Im Tierreich ist dies sehr wichtig, denn Fressfeinde lauern überall, und die Jungtiere müssen schnell fliehen können. Der Mensch hingegen ist nach der Geburt ein recht unselbstständiges Wesen, das viele Jahre lang auf die Hilfe seiner Eltern angewiesen ist. Er kann noch nicht laufen und benötigt Schutz durch Kleidung, denn er

trägt kein Fell gegen Kälte. Was ein Baby aber sofort kann, ist an der Mutterbrust saugen. Das ist enorm wichtig dafür, dass es überlebt, wächst und gedeiht.

Reflexe

Die Fähigkeit zu Saugen ist ein Reflex. Reflexe sind angeboren, werden automatisch ausgelöst und helfen dem Neugeborenen zu überleben.

Zu diesen angeborenen Reflexen gehört zum Beispiel der Greifreflex. Diesen kannst du selbst sehr gut beobachten, wenn du zum Beispiel deinen Zeigefinger in die Handfläche oder gegen die Fußsohle eines Babys drückst. Schnell schließt sich dann die Hand um deinen Finger oder der Fuß versucht eine Greifbewegung.

Einige Reflexe, die das Neugeborene zeigt, verlieren sich im Lauf der ersten Monate wieder. Nun kann es bewusstes Handeln und bewusste Bewegungen erlernen.

...sitzen ...

Die ersten Jahre

In den ersten Jahren geht die Entwicklung des Menschen in rasenden Schritten vorwärts. Mit etwa einem halben Jahr kann ein Baby schon sitzen. Dann bekommt es auch allmählich seine ersten Zähnchen. Mit zehn Monaten kann es krabbeln und mit einem bis eineinhalb Jahren laufen. Mit einem bis zwei Jahren lernt es dann bereits die ersten Worte und

... auf den Bauch rollen ...

kleinen Sätze sprechen, kann schon mit einem Löffel essen und Türme aus Bauklötzen bauen. Wenn das Kind in den Kindergarten kommt, kann es bereits Bilder malen und mit anderen Kindern Spiele spielen. In der Schule lernt es schließlich Lesen, Schreiben und Rechnen. Es kann jetzt auch komplizierte Dinge verstehen. Mit dem Eintritt in die Pubertät wird aus dem Menschen ein Erwachsener, der selbstständig entscheidet. Seine Gehirnfähigkeiten

übertreffen nun einen Computer bei weitem.

Anpassung

Der Mensch hat sich seit der Steinzeit enorm verändert. Diese Veränderungen hingen dabei meist mit einer Anpassung an bestimmte Lebensbedingungen zusammen. Da der Steinzeitmensch täglich Tiere jagen musste, benötigte er unter anderem kräftige Beine. Auch die Fuß-

muskeln waren sehr gut ausgebildet, denn unsere Vorfahren mussten sich mit bloßen Füßen auf Bäumen und Steinen gut festhalten können. Das Gebiss

... bewusst Greifen ...

war mit großen, kräftigen Zähnen ausgestattet, mit denen man auch rohes Fleisch zerkleinern konnte.

Im Vergleich zu unserem Gehirn war das Gehirn der Steinzeitmenschen recht klein. Erst mit der Zeit entwickelte sich unser leistungsfähiger Computer, der es möglich macht, körperliche Arbeiten zu verringern und dennoch die Versorgung zu sichern.

... krabbeln.

Die Vererbung

Hat dir auch schon mal jemand gesagt, dass du deinem Vater, deiner Mutter oder deinen Großeltern ein bisschen ähnlich siehst? Das liegt daran, dass Merkmale des Aussehens, wie zum Beispiel die Form der Nase oder die Augenfarbe, von den Eltern auf ihre Kinder übertragen werden.

Die Gene

Die Weitergabe von solchen und auch anderen Merkmalen nennt man Vererbung. Sie erfolgt über so genannte Gene. In allen unseren Körperzellen sind solche Gene enthalten. Sie liegen auf Chromosomen, die paarweise zusammenstehen und ein bisschen aussehen wie zwei aneinander geklebte Pommes frites. In ihnen ist wie in einem dicken Buch von Beginn unseres Lebens an gespeichert, wie wir später einmal aussehen – welche Haarfarbe wir haben werden, ob unsere Haut eher heller oder dunkler ist und wie unser Körper wachsen wird. In jeder

Körperzelle sind 46 solcher Chromosomen enthalten, die also 23 Paare bilden.
Wenn ein Kind entsteht, vereinigen sich die Eizelle der Mutter und die Samenzelle des Vaters. In diesen Zellen sind jeweils nur 23 Chromosomen enthalten. Bei der Befruchtung kommen die

Chromosomen mit den Genen von beiden Elternteilen zusammen und werden gemischt. Das neu entstandene Baby erhält deshalb ein paar Informationen aus dem „Genbuch" des Vaters, aber auch ein paar aus dem „Genbuch" der Mutter. Durch das Mischen der beiden Anteile

Treffen zwei X-Chromosomen zusammen, entwickelt sich ein Mädchen. Vereinigt sich ein X- mit einem Y-Chromosom, entsteht ein Junge.

entstehen deswegen auch ganz neue Merkmale, so kann das Kind einer blonden Mutter und eines braunhaarigen Vaters zum Beispiel rote Haare bekommen.

Gene setzen sich unterschiedlich stark durch

Manche Informationen können sich übrigens stärker durchsetzen als andere, sodass die Gene der Mutter und des Vaters nicht immer gleiche Chancen haben. Das Gen für braune Augen kann beispielsweise das Gen für blaue Augen überdecken: Die Augenfarbe des Kindes ist dann braun.

Junge oder Mädchen

Mit den Chromosomen wird auch das Geschlecht des Kindes festgelegt. Sie bestimmen also, ob ein Junge oder ein Mädchen heranwächst. Im Gegensatz zu unseren Körperzellen sind – wie bereits erläutert – in den Ei- und Samenzellen jeweils nur 23 einzelne Chromosomen enthalten. Ein Chromosom davon ist das Geschlechtschromosom. Dies ist bei der Eizelle immer ein „X". Bei der Samenzelle

kann es dagegen ein „X" oder ein „Y" sein. Bei der Befruchtung, wenn sich Ei- und Samenzelle vereinigen, treffen jeweils 23 Chromosomen von der Mutter und 23 Chromosomen vom Vater zusammen, sodass es insgesamt wieder 46 Chromosomen in allen Körperzellen sind. Vereinigen sich zwei X-Chromosomen – je eines von Vater und Mutter –, dann entsteht ein Mädchen. Kommt zum X-Chromosom der Mutter jedoch ein Y-Chromosom des Vaters, dann wird das Kind ein Junge.

Krankheiten infolge der Chromosomen

Es ist ganz wichtig, dass in den Zellen genau 46 Chromosomen vorliegen. Eine Abweichung in der Chromosomenanzahl führt

Die Form von **Augenbrauen, Augen, Nase und Mund** macht die Verwandtschaft dieser beiden Frauen deutlich.

zu schwerwiegenden körperlichen Beeinträchtigungen. Schon ein Chromosom zu viel kann zum Beispiel die Krankheit Mongoloismus bewirken. Auch dürfen die Chromosomen nicht defekt sein. Ist beispielsweise auch nur ein kleines Stück des Chromosoms abgebrochen, führt dies zu einer krankhaften Veränderung des Körpers.

Das Abwehrsystem

In der Luft und auf dem Boden gibt es eine Vielzahl von Krankheitserregern, die dich umschwirren. Damit sich dein Körper gegen sie zur Wehr setzen kann, hat er verschiedene Mechanismen entwickelt. Schmutzteilchen, die in der Nase und in den Bronchien landen, befördert er mit Hilfe kleiner Härchen wieder nach draußen. Im Mund befindet sich Speichel, der eine Vielzahl von Keimen schon abtötet, bevor sie weiter in deinen Körper eindringen können. Auch die Tränenflüssigkeit im Auge hat eine keimabwehrende Eigenschaft. Ebenso bildet deine Haut einen Schutzmantel, der krankheitserregende Eindringlinge nicht in das Körperinnere dringen lässt.

Die Abwehrpolizei im Inneren des Körpers

Wenn trotz der Abwehr an den Eingängen Keime ins Körperinnere vorgedrungen sind, werden sofort verschiedene keimabtötende Stoffe angelockt, und die weißen Blutkörperchen werden alarmiert. Sie vermehren sich und wandern zu den Eindringlingen. Eine Art davon greift die krank machenden Keime direkt an und frisst sie auf. Eine andere Art von weißen Blutzellen produziert so genannte Antikörper, die an die Keime andocken

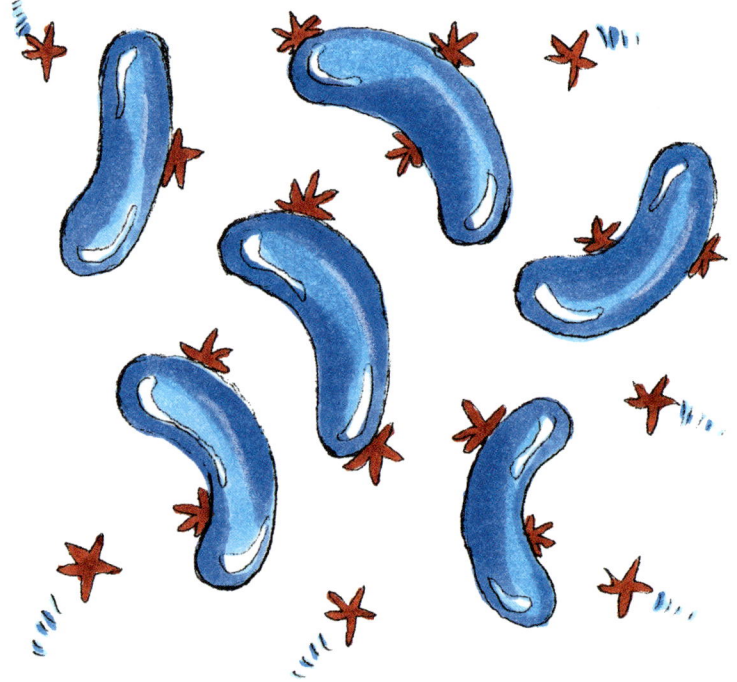

In den Körper eindringende Keime werden von den weißen Blutkörperchen vernichtet.

und sie vernichten. Diese Antikörper bleiben im Körper, auch wenn die Krankheitserreger schon lange bekämpft sind. So merkt sich der Körper nämlich, dass er diesen speziellen Bösewicht bereits kennt. Taucht dieser später nochmals im Blut auf, können die bereits existierenden Antikörper sofort an die Arbeit gehen und den Feind vernichten: Der Körper wird dann gar nicht erst krank. Wer einmal an Windpocken erkrankt ist, bekommt diese Krankheit kein zweites Mal. Denn der Körper hat dann die nötigen Antikörper entwickelt.

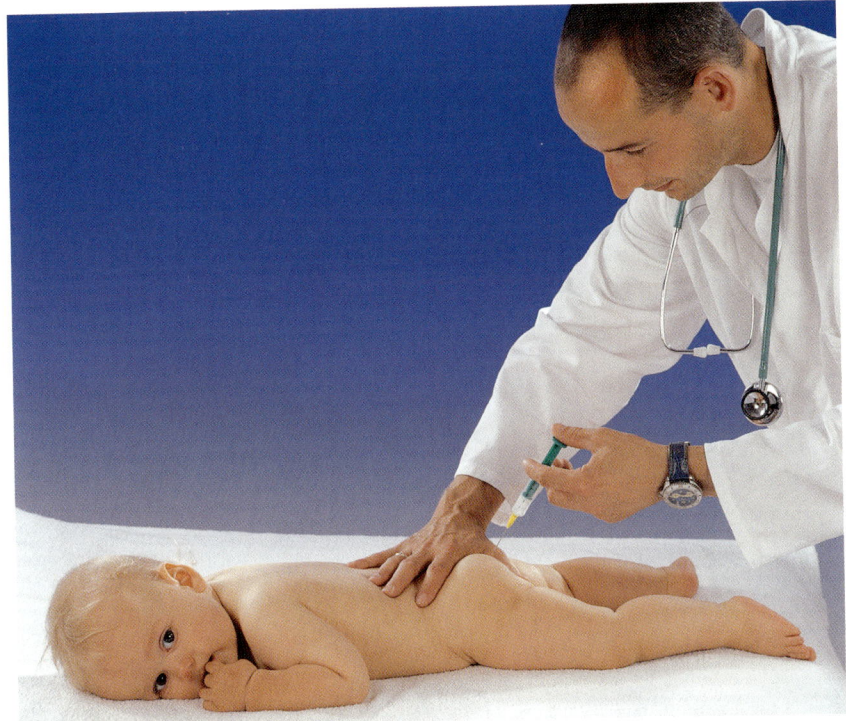

Impfungen verhindern das Ausbrechen teils gefährlicher Krankheiten.

Allergie

Wenn man gegen einen bestimmten Stoff wie zum Beispiel Pflanzen, Staubmilben oder Katzenhaare allergisch ist, dann reagiert der Körper gegen diesen Stoff übermäßig stark und schadet sich so selbst. Menschen mit einer Katzenhaarallergie müssen dann beispielsweise sehr stark niesen oder ihre Augen tränen und brennen.

Hilfe von außen: Impfungen

Damit der Mensch an manchen Krankheiten erst gar nicht erkrankt, greift der Arzt mit Impfungen ein. Er bringt dabei nur so viele Keime einer bestimmten Krankheit in den Körper ein, dass dieser zwar Antikörper gegen diese Krankheit bildet, aber nicht richtig krank wird. Greifen später einmal wirklich viele Keime dieser Krankheit deinen Körper an, dann ist er durch die Antikörper bereits geschützt und wird nicht krank.

Stärke dein Immunsystem

Wenn dein Abwehrsystem gut funktioniert, bist du gut gegen Krankheiten geschützt. Du kannst das Abwehrsystem stärken, indem du viel Sport treibst, häufig an die frische Luft gehst, dich gesund ernährst und ausreichend schläfst.

Die Psyche

Deine Psyche ist kein eigenes Organ, das man irgendwo in deinem Körper findet. Wer von Psyche spricht, meint damit auch Seele oder Gemütszustand und umfasst damit alles, was der Mensch denkt und fühlt. Ob du zum Beispiel gerade traurig oder glücklich bist, ob du Heimweh hast, ob du sehr zappelig bist oder dich ganz ausgeglichen fühlst – das alles zeigt deine psychische Verfassung an. Damit es deiner Psyche gut geht, was bedeutet, dass du rundum zufrieden bist, ist es nicht nur wichtig, dass du körperlich gesund bist und täglich ausreichend zu essen und zu trinken bekommst.

Gute Freunde

Zu deinem geistigen Wohlbefinden tragen vielerlei Dinge bei. Wichtig ist zum Beispiel eine Person, die dich gerne mag und manchmal in den Arm nimmt. Allein die Wärme und Nähe des anderen können uns trösten und vermitteln: „Du bist mir sehr wichtig." Zum Glücklichsein gehört auch ein guter Freund, der dir zuhört, wenn du einmal traurig bist oder dich geärgert hast.

Ein guter Freund und Zeit für Ruhe ist wichtig für das Wohlbefinden.

Fernsehen macht nervös

Nicht alles, was im Fernsehen läuft, muss man sich anschauen.

Ausreichende Ruhezeiten

Zufrieden und glücklich werden wir uns aber auch nur dann fühlen, wenn wir zu uns selber finden können. Dazu brauchen wir regelmäßige Ruhezeiten. Dein Körper muss hin und wieder Zeit haben abzuschalten. Gönne ihm etwas Ruhe und Stille. Vielleicht möchtest du ein Buch lesen oder leise Musik hören. Oder du legst dich an ein stilles Plätzchen im Garten und genießt den Wind, das Vogelgezwitscher oder den Duft der Blumen.

Fernsehen ist für dein Gehirn sehr anstrengend. Die Bilder folgen sehr schnell aufeinander, was Höchstarbeit für dein Gehirn bedeutet. Viele dieser gesehenen Bilder kann es erst im Nachhinein verarbeiten, manchmal erst dann, wenn du schon schläfst. Wenn es nicht zur Ruhe kommt, wirst du immer nervöser und kannst nur noch schlecht ruhig sitzen. Deshalb solltest du höchstens eine halbe Stunde am Tag fernsehen und dann an die frische Luft gehen oder mit anderen Kindern spielen. Das Gleiche gilt übrigens auch für das Spielen am Computer, mit dem Gameboy oder mit der Playstation.
Beobachte dich dabei selbst: Alarmzeichen für dich sollten sein, wenn du plötzlich an deinen Nägeln kaust, wenn du ständig mit den Augen zwinkerst oder wenn du einfach nicht mehr still sitzen kannst, ohne vielleicht mit den Beinen zu wackeln. Das sind „SOS" – Zeichen deines Körpers, mit dener er dir mitteilt, dass er Erholung und Ruhe braucht. Höre auf ihn – du benötigst ihn nämlich noch eine Weile.

Das tut deiner Seele gut

1 Treibe ausreichend Sport und ernähre dich gesund, damit dein Körper fit bleibt. Nur dann kann es auch deiner Seele gut gehen.

2 Höre nur ab und zu Radio oder Walkman. Dauerbeschallung macht nervös und müde.

3 Mache dir täglich eine kleine Freude, indem du ein schönes Buch liest, eine gute CD hörst oder einfach deinen Lieblingspulli anziehst.

4 Wenn dich etwas sehr ärgert, dann versuche nicht, den Ärger hinunterzuschlucken, sondern rede darüber mit deinen Eltern oder mit einem guten Freund. Manchmal lässt sich ein Problem gemeinsam besser lösen.

5 Verabrede dich möglichst oft mit Freunden zum Spielen. Der Computer oder Gameboy kann den Menschen nicht ersetzen.

Der Schlaf

Schlafen ist für den Körper genauso wichtig wie atmen, essen und trinken. Wenn du längere Zeit nicht schlafen könntest, würdest du krank werden. Die meisten Organe, wie die Muskeln, erholen sich nachts. Andere Organe wie das Herz, der Magen-Darm-Trakt und die Lunge müssen zwar rund um die Uhr weiterarbeiten, doch arbeiten sie nachts langsamer als tags und schöpfen so wieder neue Kraft.

Verschiedene Schlafstadien

Die Wissenschaftler haben den Schlaf sehr genau untersucht und dabei festgestellt, dass es verschiedene Stadien des Schlafs gibt. Wenn du einschläfst, hast du zunächst einen ganz leichten Schlaf, aus dem dich zum Beispiel schon ein leises Geräusch schnell wieder wecken kann. Erst später kommst du in die so genannte Tiefschlafphase, in der du sehr fest schläfst. Kurz bevor du aufwachst, wird dein Schlaf dann wieder relativ oberflächlich.

Die Sache mit dem Einschlafen

Wenn du abends etwas Spannendes im Fernsehen gesehen oder ein aufregendes Buch gelesen hast, wirst du nur schwer einschlafen können. Deine Gedanken kreisen dann um das Erlebte und lassen dich nicht zur Ruhe kommen. Beschäftige dich deshalb vor dem Einschlafen lieber mit etwas Entspannendem, sodass dein Körper langsam vom Tag abschalten kann.

Träume

Viele Stunden deines Nachtschlafs verbringst du mit Träumen. Manchmal kannst du dich morgens an deinen Traum erinnern, manchmal auch nicht. Dennoch träumst du jede Nacht. In deinen Träumen verarbeitest du das, was du tagsüber erlebt hast oder was dich momentan sehr beschäftigt. Manche Men-

Im Schlaf rüsten Körper und Geist die tagsüber verbrauchten Kräfte nach.

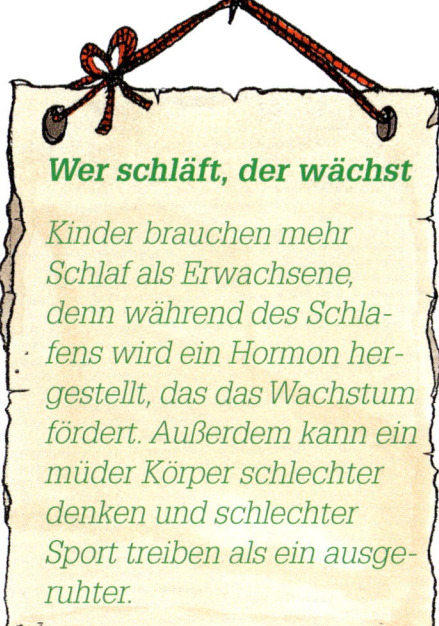

Wer schläft, der wächst

Kinder brauchen mehr Schlaf als Erwachsene, denn während des Schlafens wird ein Hormon hergestellt, das das Wachstum fördert. Außerdem kann ein müder Körper schlechter denken und schlechter Sport treiben als ein ausgeruhter.

schen sprechen im Schlaf, lachen oder weinen.

Schlafwandeln

Es gibt Menschen, die nachts aufstehen, mit geschlossenen Augen durch die Gegend wandern und sich anschließend wieder in ihr Bett legen. Am nächsten Morgen wissen sie überhaupt nicht, was in der Nacht passiert ist.

Schlafen ist Medizin

Wenn dein Körper krank ist, braucht er besonders viel

Schlaf. Sicher hast du schon selbst festgestellt, dass du automatisch mehr schläfst, wenn du Grippe hast. Der Körper versucht dann, möglichst wenig Energie für Bewegung zu vergeuden. Er steckt seine ganze Kraft in den Heilungsprozess. Man hat festgestellt, dass die Abwehrkräfte während des Schlafes am besten arbeiten können.

Bewegung

Während des Schlafs ist der Körper häufig in Bewegung. Du drehst dich nachts mehrmals um, ohne es zu merken.

Und wenn du am nächsten Morgen aufwachst, liegst du bestimmt nicht mehr so da, wie du abends eingeschlafen bist. Durch die Änderung deiner Position, können sich aber alle Körperorgane viel besser entspannen.

Schlafwandler nehmen während ihres nächtlichen Spaziergangs nichts von der Umwelt wahr.

Wenn der Körper krank wird

Wenigstens darf man den ganzen Tag zu Hause im Bett verbringen, wenn man krank ist ...

Nicht immer schafft es das Abwehrsystem des Körpers, sich gegen Krankheitskeime zu wehren. Dann siegen beispielsweise die Viren, und der Schnupfen ist gewiss. Der Körper schaltet das Abwehrsystem in diesem Fall natürlich sofort auf Volldampf und bekämpft die Eindringlinge, sodass der Schnupfen auch schnell wieder abheilt.

Fieber

Die meisten Prozesse im Körper funktionieren bei Wärme besser. Deshalb dreht der kranke Körper seinen „Ofen" einfach etwas mehr auf. Der Mensch spricht dann von „Fieber". Nun arbeitet das Abwehrsystem viel schneller und besser. Normalerweise herrscht im Körper eine Temperatur von rund 37 Grad Celsius. Schon ein Grad mehr hilft dem Körper, sich besser gegen die Krankheit zur

Wehr zu setzen. Wer Fieber hat, legt sich lieber ins Bett anstatt herumzulaufen. Dadurch wiederum kann sich der Körper besser erholen und alle seine Kräfte dafür benutzen, wieder gesund zu werden. Steigt das Fieber allerdings stark, kann es deinen Körper auch überanstrengen, sodass der Arzt mit einem Medikament helfen muss.

Kinderkrankheiten

Windpocken, Masern, Mumps und Röteln bezeichnet man als Kinderkrankheiten, da sie schon im Kindesalter auftreten. Die meisten Kinder werden heute gegen Masern, Mumps und Röteln geimpft, sodass sie nicht mehr daran erkranken. Gegen Windpocken aber gibt es noch keine frei gegebene Impfung. Erkrankte Kinder bekommen kleine juckende Bläschen am ganzen Körper, die nach einigen Tagen verkrusten und dann abheilen. Windpocken sind sehr ansteckend. Die Viren, die diese Krankheit verursachen, können kilometerweit durch die Luft fliegen. Lässt ein Kind, das Windpocken hat, sein Fenster offen stehen, können Kinder im Umkreis von mehreren Kilometern ebenfalls erkranken.

So wirst du schnell wieder gesund

Im Folgenden findest du bewährte Regeln und Hausrezepte gegen häufige Krankheiten. Sie helfen dir, schnell wieder gesund zu werden. Sprich darüber mit deinen Eltern. Wichtig ist, dass du zu einem Arzt gehst, wenn du dich nicht bald besser fühlst.

Erkältung

Wenn du erkältet bist, solltest du viel Obst essen. Das darin enthaltene Vitamin C hilft dir, dich gegen die Erkältung zu wehren. Außerdem wirkt auch Thymiantee sehr gut gegen Erkältungen. Ist die Erkältung mit Schnupfen verbunden, so wirkt ein Kamillen-Dampfbad. Lass dir bei der Durchführung auf jeden Fall von einem Erwachsenen helfen, denn dazu muss Wasser gekocht und zusammen mit einer Hand voll Kamillenblüten in eine große Schüssel gefüllt werden. Beuge den Kopf über die Schüssel, lege ein Handtuch über deinen Kopf und atme den Dampf ein.

Durchfall

Bei Durchfall solltest du Obstsäfte oder Milch meiden, denn sie sind schlecht für deinen angeschlagenen Magen-Darm-Trakt. Trinke stattdessen frischen Blaubeertee, iss Salzstangen und reife Bananen.

Verstopfung

Wenn du mehrere Tage lang keinen Stuhlgang hast und sich der Darm dann nur unter Schmerzen entleert, spricht man von Verstopfung. Am besten versuchst du es in diesem Fall mit einer Änderung deines Speisezettels. Iss vor den ballaststoffreichen Hauptmahlzeiten viele Früchte wie Birnen, Pflaumen und Feigen.

Fieber

Wenn du Fieber hast, solltest du dich ins Bett legen und viel trinken. Dein Körper verbraucht nämlich bei Fieber viel Flüssigkeit. Damit dein Körper die Krankheit so richtig „herausschwitzt", hilft bei Fieber unter 39 Grad Lindenblütentee. Wer eine höhere Temperatur misst, sollte auf jeden Fall einen Arzt aufsuchen.

Ohrenschmerzen

Wer unter Ohrenschmerzen leidet, muss die Ohren vor Zug und Kälte schützen. Setze deshalb immer ein Stirnband oder eine Mütze auf, wenn du nach draußen gehst. Ein bewährtes Heilmittel aus der Hausapotheke gegen Ohrenschmerzen sind

Kleinere Wunden heilen rasch von selbst. Ein Pflaster schützt sie vor eindringenden Keimen.

Zwiebelwickel. Schneide dazu eine Zwiebel in ganz kleine Stücke und wickle sie in ein dünnes Taschentuch. Binde dann dieses „Zwiebelpaket" mit einem Stirnband oder Schal um das schmerzende Ohr und lass es einwirken.

Was tun bei Verletzungen?

Hier findest du einige Tricks, die du bei kleinen Verletzungen anwenden solltest. Lasse dir von deinen Eltern zeigen, wo sie Desinfektionsmittel, Pflaster oder Verbandsstoffe aufbewahren, sodass du sie im Notfall schnell zur Hand hast.

Beulen

Wenn du dich irgendwo gestoßen hast, lasse über die Körperstelle kaltes Wasser fließen. Dann schwillt sie weniger stark an, und die Beule wird nicht so groß.
Hilfreich bei Beulen sind auch Wickel oder Auflagen mit Eiswürfeln. Die Würfel werden in einen Plastikbeutel gegeben, in

Mit dem Stethoskop hört der Arzt Herz und Lunge ab.

ein Tuch gewickelt und auf die betroffene Stelle gelegt.

Schürf- und Schnittwunden

Eine stark blutende oder weite Wunde muss von einem Arzt behandelt werden. Bei weniger schwer wiegenden Schnitt- und Schürfwunden kannst du Selbsthilfe leisten. Decke sie mit einem Pflaster oder einer sauber verpackten Kompresse ab, sodass kein zusätzlicher Schmutz in sie dringt. Berühre die Wunde nicht mit dem Finger und wasche sie in keinem Fall vorher aus.

Verstauchter Fuß

Wer sich den Fuß verstaucht hat, sollte ihn etwas erhöht legen, zum Beispiel auf ein Kissen oder einen Stuhl. Schwellungen werden gemindert, wenn man den Fuß zusätzlich mit Kühlpads oder kalten, nassen Tüchern umwickelt.

So hilft der Arzt

Die meisten kleineren Erkrankungen und Wehwehchen heilt dein Körper von ganz alleine, wie zum Beispiel einen Schnup-

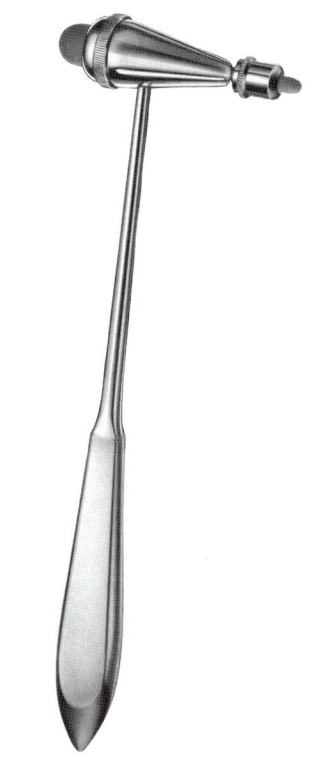

Mit dem Otoskop werden Ohr und Rachen untersucht.

fen oder eine Schürfwunde. Wenn allerdings dein Husten überhaupt nicht besser wird oder du einfach nicht weißt, warum du immer wieder Bauchweh hast, dann solltest du zum Arzt gehen. Er kann feststellen, was dir fehlt. Dazu untersucht er bestimmte Körperteile oder dein Blut und deinen Urin. Manche Krankheiten, wie zum Beispiel Windpocken, erkennt er schon von weitem. Die typischen Bläschen sind für ihn ein eindeutiges Zeichen.

Die Hilfsmittel des Arztes

Für seine Untersuchungen verwendet der Arzt bestimmte Geräte. Viele von ihnen sind ganz einfach gebaut und doch sehr wirksam, oft haben sie eine lange Tradition in der Heilkunde. Und noch eine sehr schöne Nachricht: Die Untersuchung ist nicht mit Schmerzen verbunden. Die wichtigsten Geräte findest du im Folgenden aufgelistet.

Stethoskop

Mithilfe des Stethoskops kann der Arzt hören, ob dein Herz regelmäßig und in normaler Geschwindigkeit schlägt. Außerdem kontrolliert er damit die Lunge. Du musst bei der Untersuchung aus- und einatmen. Wenn deine Lunge ganz gesund ist, hört sie sich ganz anders an als eine entzündete, verschleimte Lunge.

Otoskop

Mit dem Otoskop oder Ohrenspiegel blickt der Arzt in dein Ohr und prüft, warum es dir weh tut. Ist das Trommelfell, das beim gesunden Ohr eher grau ist, rot verfärbt, so wird er eine Mittelohrentzündung feststellen. Mit dem Otoskop untersucht der Arzt aber auch den Mundraum. Wenn du eine Mandelentzündung hast, sieht der Arzt mit seinem Lämpchen, dass deine Mandeln ganz dick und rot sind und vielleicht noch kleine weiße Pünktchen haben.

Reflexhammer

Mit dem Reflexhammer schlägt der Arzt vorsichtig unter deine Kniescheibe oder über deine Ferse. Daraufhin bewegt sich dein Unterschenkel oder dein Fuß plötzlich, ohne dass du ihn bewusst bewegst. So kann der Arzt leicht feststellen, ob bestimmte Bahnen deines Nervensystems funktionieren.

Der Reflexhammer hilft dem Arzt, das Nervensystem zu überprüfen.

Blutdruckmessgerät

Um zu kontrollieren, mit welchem Druck das Blut durch deinen Körper gepumpt wird, verwendet der Arzt ein Blutdruckmessgerät. Nach der Untersuchung gibt er zwei Werte an: Der erste Wert besagt, mit welchem Druck das Blut vom Herzen in die Gefäße fließt, der zweite, mit welchem es zurück zum Herzen strömt. Kinder sollten einen Blutdruck von 90/60 mmHg haben.

Andere Untersuchungen

Manchmal sind zusätzliche Geräte notwendig, um in deinen Körper hineinzusehen, wie zum Beispiel das Röntgengerät oder das Ultraschallgerät.
Auch regelmäßige Blutuntersuchungen sind wichtige Hilfsmethoden des Arztes. Er kann damit Krankheiten erkennen oder zum Beispiel feststellen, ob sich deine weißen Blutkörperchen stark vermehrt haben. Das wäre ein Zeichen für eine Entzündung irgendwo in deinem Körper.

Die Arznei

Je nachdem, welche Krankheit der Arzt festgestellt hat, wird er dir eine Medizin verschreiben. Es ist sehr wichtig, dass du dich

Gesund zum Arzt

Auch wenn du dich ganz gesund fühlst, solltest du hin und wieder zum Arzt gehen. Ähnlich wie der TÜV das Auto regelmäßig prüft, kann auch der Arzt deinen Körper checken. So lassen sich manche Krankheiten schon feststellen, bevor du sie selbst bemerken kannst. Diese Untersuchungen heißen Vorsorgeuntersuchungen. Auch eine Impfung kann Grund dafür sein, dass sich ein völlig gesunder Mensch zum Arzt begibt.

bei ihrer Verwendung genau an die Angaben des Arztes hältst. Er sagt dir, wie oft du sie einnehmen musst und wie viel nötig ist. Zu viel oder zu wenig des Medikaments könnte für deinen Körper auch schädlich sein. Medikamente gibt es als Saft, als Tabletten oder als Zäpfchen. Manchmal müssen sie eingeatmet werden, manchmal werden sie aber auch in die Muskeln oder direkt ins Blut gespritzt.

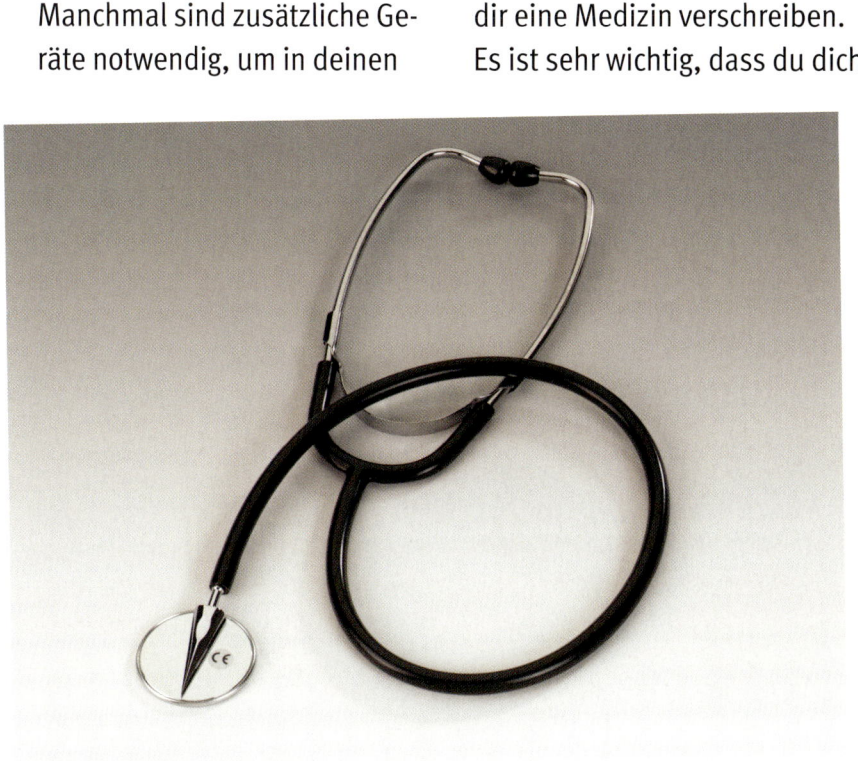

Das Stethoskop dient zur Untersuchung innerer Organe.

Welcher Arzt macht was?

Kinderarzt

Ein Kinderarzt behandelt Babys, Kinder und Jugendliche. Insbesondere Babys leiden nämlich unter ganz anderen Krankheiten als Erwachsene. Der Kinderarzt gibt ihnen Medikamente, wenn sie krank sind. Auch gesunde Kinder kontrolliert er, um festzustellen, ob sie sich ganz normal entwickeln. Außerdem führt er die notwendigen Impfungen durch und kann die Eltern bei Problemen beraten.

Die am häufigsten gebrauchten Instrumente des Kinderarztes sind die Lampe, um den Mundraum auszuleuchten, und der Ohrspiegel, mit dem er nachsieht, ob eine Mittelohrentzündung vorliegt. Oft verwendet er aber auch das Stethoskop, zum Beispiel dann, wenn ein Kind Husten hat.

Augenarzt

Wenn du das Gefühl hast, schlecht zu sehen, musst du zu einem Augenarzt gehen. Mit speziellen Messinstrumenten kann er feststellen, ob deine beiden Augen zum Beispiel nicht in eine Richtung schauen,

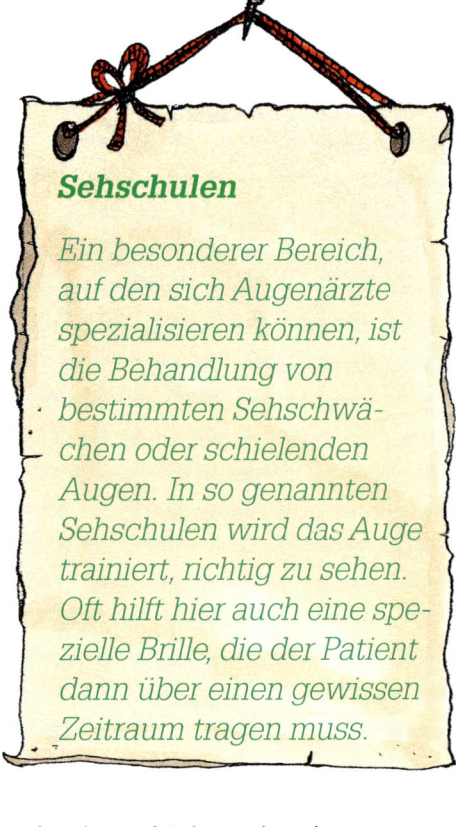

Sehschulen

Ein besonderer Bereich, auf den sich Augenärzte spezialisieren können, ist die Behandlung von bestimmten Sehschwächen oder schielenden Augen. In so genannten Sehschulen wird das Auge trainiert, richtig zu sehen. Oft hilft hier auch eine spezielle Brille, die der Patient dann über einen gewissen Zeitraum tragen muss.

du also schielst, oder ob sonst irgendeine Krankheit deinen Sehsinn beeinträchtigt. Wie stark er geschädigt ist, prüft der Arzt mithilfe eines einfachen Sehtests. Er zeigt dir dazu eine Wandtafel, auf die Gegenstände oder Buchstaben in verschiedenen Größen gemalt sind. Je nachdem, welche Größe noch gut für dich erkennbar ist, wird deine Sicht beurteilt. Wenn du nicht scharf siehst, wird dir der Arzt wahrscheinlich eine Brille verschreiben. Der Augenarzt muss aber auch aufgesucht werden, wenn dein Auge entzündet ist oder schmerzt.

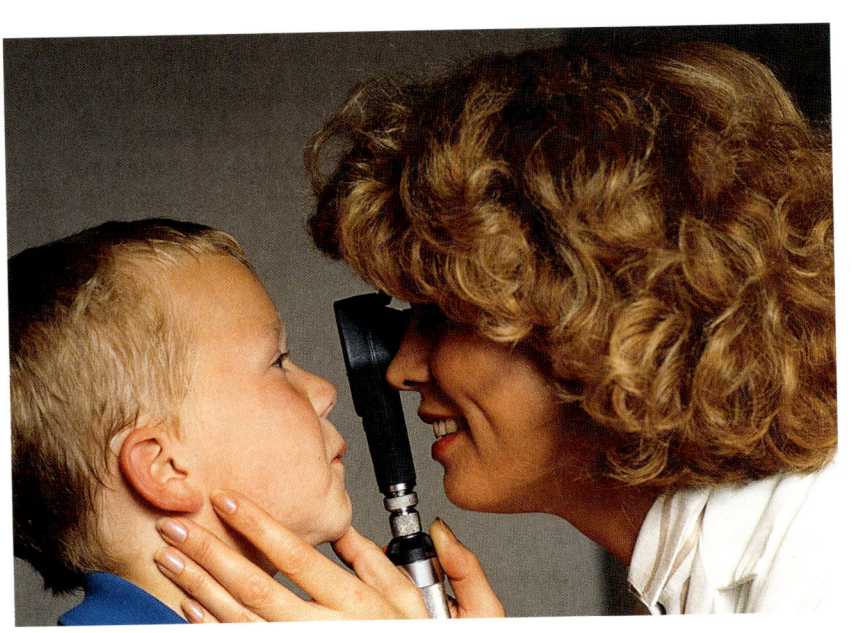

Die Untersuchung beim Augenarzt ist meist schmerzfrei. Oft genügt ein Blick mit einer speziellen Lupe.

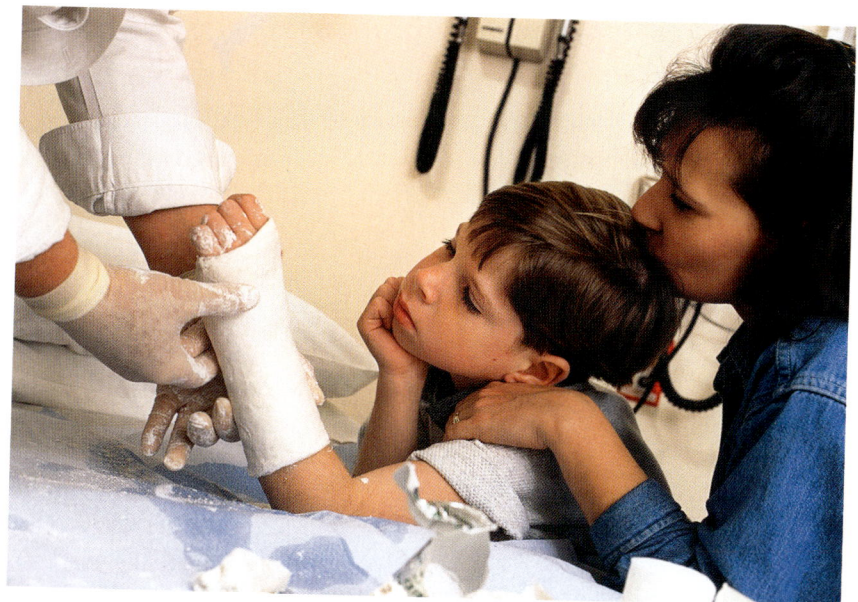

le, die du zum Stehen, Sitzen und Bewegen brauchst. Wenn du zum Beispiel Schmerzen in deinem Knie hast, wird der Orthopäde zunächst nachsehen, wie gut du es noch bewegen kannst. Vielleicht macht er eine Röntgenaufnahme, um zu überprüfen, ob irgendetwas mit den Knochen nicht stimmt. Mit dem Ultraschallgerät erkennt er, ob du vielleicht eine Entzündung in

Bei einem Knochenbruch muss der Arm ruhig gestellt werden. Deshalb wird er vom Orthopäden eingegipst.

Hals-Nasen-Ohrenarzt

Der Hals-Nasen-Ohrenarzt prüft zum Beispiel, warum das Hörvermögen eines Menschen beeinträchtigt ist. Mit dem Otoskop schaut er direkt in das Ohr, denn manchmal wird es durch Ohrschmalz verstopft. Auch Flüssigkeit könnte sich hinter dem Trommelfell sammeln und so das Hören verschlechtern. Mit bestimmten Geräten lässt sich feststellen, ob eine Hörstörung eher im äußeren oder im inneren Teil des Ohres besteht. Der Hals-Nasen-Ohrenarzt ist aber auch zuständig, wenn du häufig schlimme Mandelentzün-

dungen hast. Dann ist es besser, wenn die dicken Mandeln aus dem Hals geholt werden. Dazu ist eine kleine Operation notwendig, vor der du eine Narkose erhältst – so merkst du von alledem gar nichts. Auch Polypen werden so entfernt. Diese Gewebeballen aus Abwehrzellen des Körpers verstopfen manchmal die Nase. Dann bekommst du schlechter Luft, schnarchst nachts und sprichst manchmal undeutlich.

Orthopäde

Ein Orthopäde ist für deine Knochen, deine Muskeln und deine Sehnen zuständig, also alle Tei-

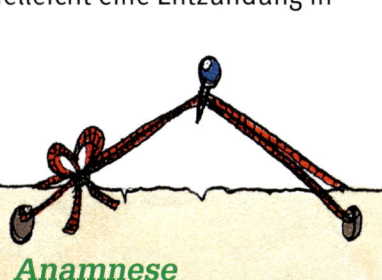

Anamnese

Wenn der Patient zum ersten Mal in die Sprechstunde kommt, wird der Arzt ihn viele Dinge fragen, die zunächst nichts mit seiner eigentlichen Beschwerde zu tun haben. Die Fragen betreffen zum Beispiel andere Erkrankungen, angeborene Fehlbildungen, Ernährungsgewohnheiten und den Genuss von Alkohol und Zigaretten. Mit dieser so genannten Anamnese macht sich der Arzt ein Bild von seinem neuen Patienten.

deinem Kniegelenk hat. Auch für gebrochene Gliedmaßen ist der Orthopäde zuständig. Er kann den Gips anlegen, das Glied schienen oder nageln. Viele Menschen leiden unter Rückenschmerzen, weil sie Probleme mit ihrer Wirbelsäule haben. Oft ist eine Bandscheibe für diese Schmerzen zuständig. Bandscheiben liegen zwischen den Wirbeln, können sich aber lösen und drücken dann auf die Nerven. Das tut sehr weh. Ein Orthopäde kann durch spezielle Griffe und Massagetechniken versuchen, die Bandscheibe wieder an ihren richtigen Platz zu befördern. Wenn das nicht gelingt, muss die Bandscheibe durch eine Operation verschoben und wieder an ihren richtigen Platz gebracht werden.

Hautarzt

Den Hautarzt bezeichnet man auch mit einem aus dem Lateinischen stammenden Wort als Dermatologe. Der Hautarzt versorgt alle möglichen Hautkrankheiten, egal ob es

sich dabei um plötzlich auftretende Ausschläge, um entzündete Hautstellen, Warzen und Pilze oder um Akne handelt. Er hilft mit Salben, aber auch mit Medikamenten zum Einnehmen.

Chirurg

Ein Chirurg operiert erkrankte Körperorgane. Wenn sich zum Beispiel dein Blinddarm entzündet hat, schneidet er ihn heraus. Natürlich geschieht dies alles nur in Vollnarkose, damit du nichts spürst. Heute muss die Bauchdecke dazu nicht immer mit einem großen Schnitt geöffnet werden.

Es reichen kleine Schnitte, über die der Chirurg verschiedene Stäbe in den Körper schiebt. An einem Stab befindet sich ein Messer, am anderen eine Lampe und am dritten eine Filmkamera. Sie nimmt auf, was im Körper zu sehen ist, und überträgt es auf einen Bildschirm im Operationssaal. So sieht der Chirurg genau, was er machen muss. Chirurgen behandeln aber auch kleinere Verletzungen, zum Beispiel eine Kopfplatzwunde, die genäht werden muss.

Internist

Ein Internist behandelt Erwachsene, deren innere Organe erkrankt sind. Lungenentzündungen sind häufiges Thema des Internisten, aber auch Herzerkrankungen gehören zu seinem Aufgabenfeld. Der Spezialist

Dem Arzt stehen viele Arznei- und Verbandsmittel zur Verfügung, mit denen er Kranken und Verletzten helfen kann.

kann mit einem Stethoskop und dem EKG-Gerät überprüfen, welche Herzerkrankung vorliegt. Manchmal macht er auch noch einen speziellen Herz-Ultraschall. Damit kann er feststellen, wie kräftig die einzelnen Herzkammern das Blut herauspumpen.

Erkrankungen der Verdauungsorgane werden ebenfalls vom Internist behandelt. Er untersucht bestimmte Blutwerte und stellt – wieder mit einem Ultraschallgerät – fest, wodurch Bauchschmerzen verursacht werden.

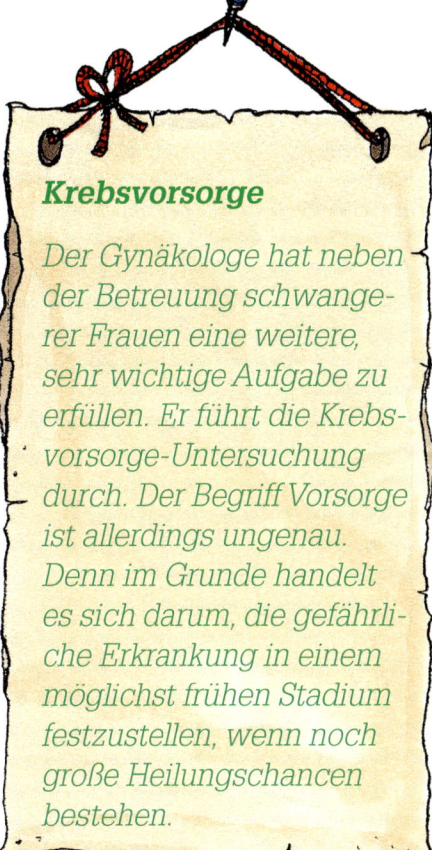

Krebsvorsorge

Der Gynäkologe hat neben der Betreuung schwangerer Frauen eine weitere, sehr wichtige Aufgabe zu erfüllen. Er führt die Krebsvorsorge-Untersuchung durch. Der Begriff Vorsorge ist allerdings ungenau. Denn im Grunde handelt es sich darum, die gefährliche Erkrankung in einem möglichst frühen Stadium festzustellen, wenn noch große Heilungschancen bestehen.

Frauenarzt

Der Frauenarzt nennt sich auch Gynäkologe. Er behandelt Erkrankungen der weiblichen Geschlechtsorgane. Außerdem wird er während der Schwangerschaft aufgesucht. Regelmäßig muss er nachsehen, ob es Mutter und Ungeborenem gut geht, ob das Baby richtig wächst und gesund ist. Mithilfe des so genannten Wehenschreibers kontrolliert er in den letzten Schwangerschaftswochen, ob die Wehen, mit denen das Kind

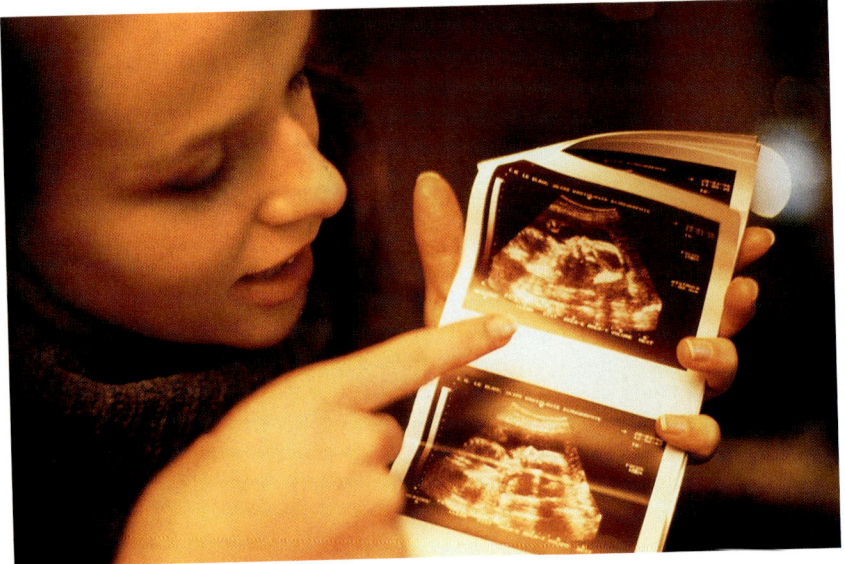

Einen ersten „Schnappschuss" des Babys im Mutterleib liefern Ultraschalluntersuchungen beim Frauenarzt.

nach draußen geschoben wird, vielleicht viel zu früh einsetzen. Dann kann er der Mutter Medikamente verschreiben und ihr raten, möglichst viel zu liegen. Der Frauenarzt hilft auch mit, wenn es bei der Geburt ein Problem gibt. Das könnte zum Beispiel darin bestehen, dass das Baby falsch herum im Bauch liegt und trotz größter Anstrengungen der Mutter einfach nicht herauskommt. Dann wird eine Operation notwendig. Bei diesem so genannten Kaiserschnitt wird die Bauchdecke der Mutter geöffnet und das Kind so geholt. Natürlich erhält die Mutter zuvor ein Betäubungsmittel gespritzt, so dass sie dabei keine Schmerzen hat.

Urologe

Ein Urologe behandelt Krankheiten, die an den Geschlechtsorganen von Männern auftreten. Er ist aber auch für Harnwegserkrankungen zuständig.

Nervenarzt

Der Neurologe – das ist das Fachwort für Nervenarzt – behandelt erkrankte Nerven. Dass etwas mit den Nerven nicht stimmt, kann sich folgendermaßen bemerkbar machen. Die Erkrankten fühlen zum Beispiel an bestimmten Hautstellen schlechter oder haben Probleme beim Laufen. Mit einem Reflexhammer prüft der Nerven-

arzt, ob die Nervenleitung funktioniert. Manchmal setzt er auch eine Stimmgabel auf die Knochen auf. Der Patient muss sagen, ob er merkt, dass die Stimmgabel schwingt. Auch diese Untersuchung zeigt, ob etwas mit bestimmten Nervenfasern nicht in Ordnung ist. Vermutet der Arzt eine Gehirnerkrankung, misst er mit einem EEG-Gerät die Hirnströme.

Alternative Heilmethoden

Die klassische, so genannte Schulmedizin behandelt Krankheiten mit chemisch hergestellten Medikamenten. Diese mussten ihre heilenden Wirkungen in vielen wissenschaftlichen Tests beweisen. Darüber hinaus aber gibt es noch andere, alternative Heilmethoden, die auf unterschiedlichsten Kenntnissen beruhen und sich bei der Behandlung auf die Heilkraft der Natur stützen.

Naturheilkunde

Die meisten Hausrezepte, wie sie zum Beispiel unsere Großmütter noch kannten, sind

Vater der Homöopathie

Der Arzt Samuel Hahnemann, der um die Wende zum 19. Jahrhundert lebte, ist der „Vater der Homöopathie". Der Leitsatz des von ihm angewandten Heilverfahrens besagt, dass Ähnliches mit Ähnlichem geheilt werden kann.

naturheilkundlich. Die Naturheilkunde, die auf vielen Jahrhunderten Erfahrung basiert, arbeitet nämlich vor allem mit heimischen Pflanzen. Die Blüten der Kamille helfen beispielsweise bei Entzündungen, getrocknete Blaubeeren wirken gegen Durchfall, und Zwiebelwickel lindern Ohrenschmerzen. Auch die heilende Wirkung des Wassers wird in der Naturheilkunde genutzt. So helfen zum Beispiel bei Müdigkeit morgens abwechselnd warme und kalte Fußbäder.

Homöopathie

In der Homöopathie gilt das Gesetz, dass man Ähnliches mit

Ähnlichem heilen kann. Deshalb wird dem Kranken eine minimale Menge desjenigen Stoffes verabreicht, der seine Krankheit verursacht hat. Der Behandlung geht eine umfangreiche Befragung des Patienten voraus. Dabei stellt der Homöopath fest, welchen Typ Mensch er vor sich hat. Er fragt ihn zum Beispiel, ob er schnell schwitzt, gerne Süßes isst, immer viel Appetit hat und so weiter. Außerdem müssen die Krankheitssymptome möglichst umfassend vom Patienten geschildert werden. Die folgende Behandlung ist dann genau auf die einzelne Person abgestimmt. Der heilende Stoff wird in Form von Kügelchen oder Tropfen verabreicht.

Akupunktur

Die Akupunktur ist eine aus China stammende Heilmethode. Sie wird auch in Deutschland immer beliebter. Die chinesischen Heilkundigen gehen davon aus, dass in unserem Körper bestimmte Energiebahnen verlaufen. Krankheiten entstehen, wenn diese gestört werden und die Energie nicht mehr ungehindert fließen kann. Um Abhilfe zu schaffen, sticht der Akupunkteur in bestimmte Körperstellen hauchdünne Nadeln, die den Energiefluss anregen. Die Wissenschaftler glauben, dass dadurch Botenstoffe freigesetzt werden, die zum Beispiel Schmerzen lindern.

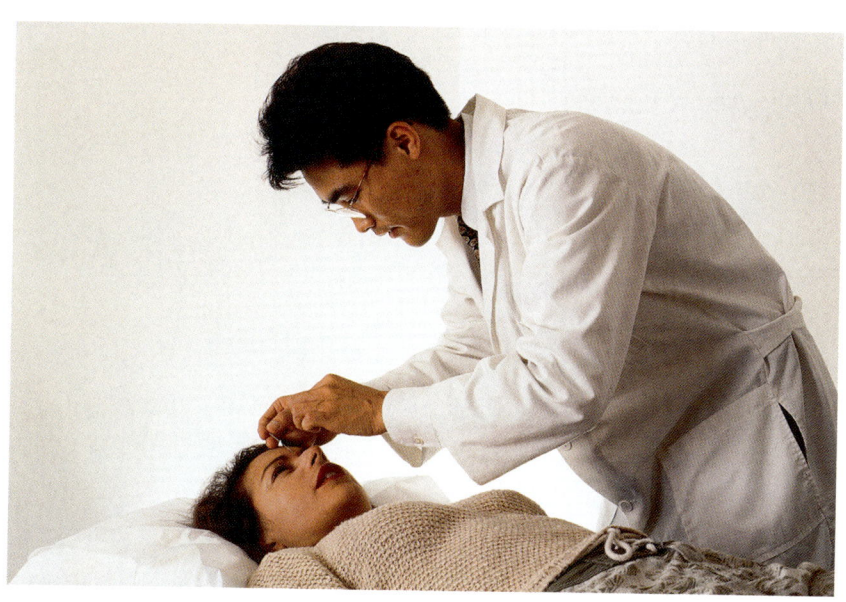

China ist berühmt für seine Heilmethoden. Bei der Akupunktur werden kleine Nadeln in bestimmte Körperstellen gestochen.

So bleibst du gesund

Damit du immer gesund und fit bleibst, musst du deinen Körper pflegen und trainieren.

Die tägliche Körperpflege

Dein Schutzorgan, die Haut, ist ebenso wie Haare und Nägel ständig den oft schädlichen Umwelteinflüssen ausgesetzt. Deshalb braucht sie regelmäßige Pflege.

Waschen

Dusche einmal am Tag, oder wasche dich mit dem Waschlappen von Kopf bis Fuß. So spülst du den Körperschweiß zusammen mit Staub und Schmutz ab. Benutze dafür möglichst eine pH-neutrale, unparfümierte Waschlotion. Am besten duschst oder wäschst du dich morgens, weil dadurch dein Blutkreislauf in Schwung kommt und du dich dann richtig frisch für den Tag fühlst. Besonders belebend ist es, wenn du nach der warmen

Duschen, Haare waschen, die Haut abrubbeln, Zähne putzen – das ist die perfekte Körperreinigung.

Dusche deine Arme und Beine mit kaltem Wasser abspritzt. Ein Vollbad solltest du höchstens einmal pro Woche nehmen, da es die Haut sehr stark austrocknet.

Gönne dir jedoch ab und zu ein abendliches Bad, denn das kann sehr entspannend sein. Am besten nimmst du es kurz vor dem Zubettgehen und erhöhst seine Wirkung mit einem Schuss Lavendelöl.

Zähneputzen

Es ist ganz wichtig, dass du deine Zähne nach jeder Mahlzeit putzt. Warum das so ist, und wie du beim Putzen vorgehen solltest, kannst du auf Seite 45 nachlesen.

Essen und Trinken

Achte darauf, dass du viel trinkst, und zwar möglichst Wasser oder ungesüßte Kräutertees. Iss jeden Tag viel frisches Obst und Gemüse, viele Vollkorn- und Milchprodukte und nur ab und zu Fleisch und Wurst. Vereinzelte Süßigkeiten sind jedoch erlaubt.

Erholung

Pass auf, dass du deinem Körper nicht zu viel zumutest. Er ist keine Maschine, die unablässig funktioniert. Gönne deinem Körper Ruhezeiten, in denen du einfach mal nichts tust und die Stille um dich herum genießt. Du wirst sehen, wie gut es dir anschließend geht. Triff nicht zu viele Verabredungen und sage nicht bei zu vielen Unternehmungen zu. Achte darauf, dass du auch noch ein bisschen Zeit für dich selbst findest.

Ausreichender Schlaf

Gehe nicht zu spät ins Bett, denn dein Körper kann nur beim Schlafen ganz abschalten, und du brauchst diese „Auszeit" dringend. Ausreichender Schlaf sorgt für körperliche und geistige Fitness am Tag.

Glotze aus

Mute deinem Körper täglich nicht mehr als eine halbe bis eine Stunde Fernsehen oder Computerspielen zu. Das ist sehr anstrengend für dein Gehirn und macht dich auf die Dauer nervös.

Frische Luft und Bewegung

Gehe mindestens einmal täglich für eine halbe Stunde an die frische Luft, denn dein Körper braucht den Sauerstoff ebenso wie die Bewegung.

Sportler leben länger

Langzeit-Untersuchungen haben ergeben, dass Menschen, die regelmäßig Sport treiben, länger und auch gesünder leben. Am besten beginnt man schon als Kind mit sportlicher Betätigung. Suche dir eine Sportart, die dir gefällt. Dabei muss es sich nicht um einen Mannschaftssport handeln, du kannst ebenso gut auch schwimmen, joggen oder Rad fahren. Spass macht auch Rollerbladen mit Freunden.

Trimm-dich-Pfade

Viele Gemeinden legen Trimm-dich-Pfade im Wald an. An verschiedenen Stationen kann man dort unterschiedliche Sportübungen machen. Das hat den Vorteil, dass man sich dabei auch noch an der frischen Luft aufhält. Bei gutem Wetter macht das riesigen Spaß und hält fit.

Fitness mit Freunden

Vielleicht macht dir Sport mit Freunden mehr Spaß als eine Einzelsportart. In diesem Fall kannst du versuchen, deine Freunde zu körperlicher Bewegung zu ermuntern. Dafür gibt es

Bei den einzelnen Stationen des Trimm-dich-Pfads kann man alle Muskeln trainieren.

Mit dem Seil lassen sich viele Fitness-Spiele durchführen – zusammen mit Freunden, aber auch allein.

viele Möglichkeiten: Gummihüpfen und Fang- oder Versteckspiele im Hof oder Park nebenan. Oder organisiere doch einen kleinen Stadtlauf, der in verkehrsarmen Vierteln auf den Gehwegen entlang führt. Vielleicht gibt es bei euch aber auch einen Fluss mit Promenade. Auch hier lässt es sich gut laufen. Wer als Erster im Ziel eintrifft, wird von den anderen zu einem Eis eingeladen. Eine bei den meisten Kindern willkommene Idee ist die klassische Radtour mit Picknick. Sprich mit deinen Freunden ab, wer Getränke und wer Brote mitbringt und wer für die Versorgung mit frischem Obst zuständig ist. Bei der Routenwahl solltet ihr euch auf Radwege oder wenig befahrene Straßen beschränken. Sucht euch ein schönes Ziel aus, an dem sich ein gemütliches Picknick veranstalten lässt.

Fitness-Studio zu Hause

Und wenn draußen mal so richtiges Schmuddelwetter herrscht, baut ihr euch ein Fitness-Studio im Keller oder auf dem Dachboden. Auf Iso-Matten werden Liegestützen und Gymnastikübungen gemacht, ein Ball wird in Bauchlage an die Wand geworfen, und in einer Ecke kann man Seil hüpfen.

Gymnastik für zu Hause

Du hast wahrscheinlich schon selbst bemerkt, dass du – wenn du einige Stunden an deinem Schreibtisch sitzt – müde und träge wirst. Gut ist es, jeden Tag ein bisschen Gymnastik zu machen, um den Kreislauf anzukurbeln.

Hier ist ein kleines Übungsprogramm, das dich fit hält und nur ungefähr 15 Minuten dauert:

1 Laufe zunächst ungefähr fünf Minuten auf der Stelle, damit dein Blutkreislauf in Schwung kommt.

2 Mache zehn Liegestützen. Achte dabei darauf, dass dein Bauch nicht nach unten durchhängt und dein Rücken und deine Beine eine gerade Linie bilden.

3 Stelle dich gerade hin und strecke deine Arme neben dem Körper aus. Lasse zunächst deinen linken und dann deinen rechten Arm zwanzigmal kreisen.

4 Beuge deinen Oberkörper bei gestreckten Knien so weit wie möglich nach vorne und versuche, mit deinen Fingerspitzen den Boden zu berühren. Wippe dabei 15-mal auf und ab.

5 Stelle dich aufrecht hin und strecke die Arme so weit wie möglich nach oben.

Aufwärmen, Dehnen und Strecken sollte jeder Gymnastik vorausgehen, damit es nicht zu schmerzhaften Verletzungen kommt.

Greife mit deinen Händen abwechselnd ganz weit nach oben, als wolltest du hoch oben über deinem Kopf Äpfel pflücken.

6 Strecke die Arme über deinen Kopf und beuge deinen Oberkörper einmal nach links und einmal nach rechts. Beuge dich zu jeder Seite zehnmal und verharre einige Sekunden in der Beugeposition. Wippe nicht nach.

7 Beuge deinen Kopf ganz nach links und dann ganz nach rechts, beuge ihn dann weit nach vorne und lehne ihn dann weit nach hinten in den Nacken zurück.

8 Mache mindestens zehn Kniebeugen.

9 Schließe deine Hände zu Fäusten und öffne sie wieder. Wiederhole diese Übung 30-mal. So bleiben die Gelenke geschmeidig.

10 Lasse deine Augen langsam dreimal linksherum und dreimal rechtsherum kreisen. Dein Kopf soll dabei ganz gerade bleiben. Schließe deine Augen zum Schluss, und halte sie einige Minuten lang geschlossen. Versuche dabei, ganz ruhig zu stehen.

Waage und Handstand schulen das Gleichgewicht und fördern die Durchblutung.

Gesellschaft und Gesundheit

Viele Menschen setzen ihre Gesundheit aufs Spiel, weil sie sich von der Gesellschaft und ihren Normen beeinflussen lassen. Besonders junge Menschen, die ihr Selbst noch nicht gefunden haben, orientieren sich leicht an anderen, finden

Rank und schlank – unter dem Schönheitsideal, das uns die Werbung vorgibt, leidet oft die Gesundheit.

gut, was andere tun oder wie sie aussehen. Doch das kann zu schweren gesundheitlichen Schäden führen. Wichtige Themen, die bedeutend in das Leben und die Gesundheit eines Menschen eingreifen können, sind Aussehen und Drogen. Meist legt hierfür nicht die gesamte Gesellschaft die Norm fest. Es genügt auch schon, wenn zum Beispiel die Schulfreunde bestimmte Regeln aufstellen. Dann gilt es diesen zu entsprechen, denn wer ihnen nicht entspricht, wird ausgeschlossen.

Bin ich schön?

So alt wie die Menschheit ist auch der Wunsch, schön zu sein und anderen zu gefallen. Schon immer versuchen deshalb die Menschen, sich schön zu machen. Doch Schönheit lässt sich

nicht mit Regeln und Gesetzen festlegen. Die Vorstellung davon, was schön ist, unterscheidet sich von Jahrhundert zu Jahrhundert, von Land zu Land und von Mensch zu Mensch. So fand man zum Beispiel vor rund 400 Jahren wohl beleibte, dickliche Menschen schön. Mit ihnen verband man Reichtum, denn damals konnten sich viele Menschen nur das Notwendigste zu essen leisten, und wer dünn war, war arm. Heute dagegen sehen wir in den Zeitschriften dünne Models – dünn ist also das Schönheitsideal von heute. Um diesem zu entsprechen, müssen die jungen Frauen ständig Diät halten und nehmen dabei in Kauf, dass ihr Körper erkrankt.

Knackig braun

Ähnlich ist es mit der Hautfarbe. Früher galt es als vornehm, blass zu sein, denn wer blass war, musste nicht im Freien –

Natürliche Schönheit

Zwei Merkmale aber gelten wohl bei allen Menschen, egal in welchem Land oder in welcher Epoche sie leben, als attraktiv: Jugend und Gesundheit. Deshalb versuchen Menschen auch seit jeher, Mittel zu finden, die einen länger jugendlich aussehen lassen. Die bewährteste Methode dafür ist noch immer, viel Sport zu betreiben und sich gesund zu ernähren. Dadurch werden der Kreislauf und der Stoffwechsel in Schwung gehalten. Die Haut bleibt so rein und sieht frisch aus.

und damit körperlich arbeiten. In den vergangenen Jahrzehnten wurde braune Haut aber zum Sinnbild für ein aktives, gesundes Leben – und damit schön. Erst seit kurzem erscheinen in der Werbung wieder Models mit hellerer Hautfarbe.

Kultureller Einfluss

Auch die Kultur nimmt Einfluss auf das Schönheitsideal. Japa-

nerinnen sollten in der Vergangenheit möglichst kleine Füße haben – das galt als schön. Damit die Füße klein blieben, wurden sie festgeschnürt, konnten nicht wachsen und verkrüppelten. In Afrika gibt es Stämme, die einen langen Hals attraktiv finden. Mit Ringen wird er deshalb unnatürlich lang gestreckt. Berühmt sind auch die afrikanischen Tellerlippenmenschen. Sie schneiden Löcher in ihre Unterlippen und dehnen diese so weit, dass ein Teller darin Platz findet.

Versteckte Schönheit

Daneben gibt es noch viele Formen von Schönheit. Sie tauchen vielleicht nicht in den Modezeitschriften auf, werden aber deutlich, wenn man seine Mitmenschen genau ansieht. Wie schön können die Falten im Gesicht eines alten Menschen sein! Jede Furche erzählt eine Geschichte aus seinem Leben.

Zu sich selbst stehen

Schön oder nicht schön – das ist also gar keine eindeutig zu klärende Frage. Am wichtigsten

ist es, dass du zu dir selbst stehst. Klar, das ist gar nicht so einfach, bei den ganzen Normen für Schönheit, die tagtäglich von der Werbung vorgegeben werden. Hast du dir schon einmal überlegt, dass vielleicht auch du das Maß aller Dinge sein könntest. Warum solltest nicht du das Schönheitsideal sein? Wenn du nur selbstbewusst genug auftrittst, möchte vielleicht dein Freund oder deine Freundin dir ähneln und kopiert zum Beispiel deinen Haarschnitt. Das mag etwas übertrieben klingen, aber du verstehst, was ich meine ...

Frauen der vergangenen Jahrhunderte strebten die „vornehme Blässe" an.

Drogen

Hast du schon einmal erlebt, dass du sehr müde warst und eigentlich ins Bett hättest gehen müssen, gleichzeitig aber unbedingt fit sein wolltest? Vielleicht warst du ja auf einer Party bei Freunden und wolltest einfach noch weiter mit den anderen mithalten. Oder du musstest noch ganz dringend für eine Schulaufgabe am nächsten Tag lernen. Bestimmt hast du in einer solchen Situation auch schon einmal Cola oder Kaffee

getrunken und dann gemerkt, dass die Müdigkeit plötzlich wie weggepustet war. Mit dem Kaffee hast du deinen Körper aufgeputscht, das heißt, du bist an seine letzten Reserven gegangen, die er eigentlich sonst nicht herausrückt. Du kannst dir sicher vorstellen, dass man dies nicht zu oft tun sollte. Der Körper geht nämlich sonst immer mehr an seine eigene Substanz. Wenn aber deine Organe die bitter notwendigen Ruhepausen, in denen sie sich wieder erholen können, nicht erhalten, dann werden sie allmählich krank.

Was sind eigentlich Drogen?

Ähnlich ist das mit dem Rauchen: Nach einer Zigarette haben viele Menschen das Gefühl, besser drauf zu sein als sonst. Allmählich gewöhnt sich der Körper aber an das Nikotin, das in Zigaretten enthalten ist. Es ist nämlich eine Droge. Drogen sind Stoffe, die süchtig machen. Sie müssen dem Körper regelmäßig zugeführt werden; wenn er sie dann auf einmal nicht mehr bekommt, zeigt er so genannte Entzugserscheinungen. Ein Raucher, der von einem Tag auf den anderen nicht mehr raucht, zittert, hat miese Laune und fühlt sich schlecht. Genauso reagiert der Körper bei anderen Drogen, wie zum Beispiel Alkohol oder bestimmten Medikamenten. Manchmal werden auch gefährliche Drogen, die noch schneller zur Abhängigkeit führen, in Zigaretten hineingewickelt.

Cola kann ganz schön aufputschen! Trinke es nur ausnahmsweise, denn es enthält außerdem noch viel Zucker.

Geh kurz in dich!

Überlege dir, ob und wie du dich manchmal aufputscht. Trinkst du ab und zu Cola, Kaffee oder Tee, um eine Phase der Müdigkeit zu überwinden? Gönnst du deinem Körper ausreichend Ruhephasen? Hast du heute zum Beispiel schon mal eine Weile nichts gemacht oder vielleicht einfach nur einer CD gelauscht?

Trau dich, „nein" zu sagen

Sicher hast auch du schon einmal folgende Situation erlebt:

Fit ohne Aufputschmittel

Um fit zu bleiben, benötigst du keine Drogen. Achte auf deinen Körper. Treibe viel Sport und gönne ihm regelmäßige Pausen. Vielleicht zeigt er dir dann manchmal seine Grenzen, dafür hältst du aber langfristig wesentlich länger durch, als diejenigen, die sich kurzzeitig „aufputschen".

Der Gebrauch und Verkauf vieler Drogen ist per Gesetz verboten. Wer unter Drogen steht, kann zum Risiko für andere Menschen werden.

Du bist in Gemeinschaft von Freunden, und plötzlich zieht einer eine Zigarettenschachtel aus seiner Tasche. Alle anderen nehmen gerne eine Zigarette an, doch du möchtest im Prinzip nicht rauchen, traust dich aber nicht so recht, „nein" zu sagen. Schnell gilt man schließlich als Feigling oder Außenseiter. Und trotzdem solltest du den Mut dazu haben, denn wenn du von diesen Drogen einmal abhängig bist, hilft dir von deinen so genannten Freunden bestimmt keiner mehr, davon wegzukommen. Und außerdem: Ein richtiger Freund bleibt ganz sicher auch dann dein Freund, wenn du mal etwas nicht mit ihm mitmachst.

Reden ist wichtig

Wichtig ist, dass es jemanden gibt, mit dem man frühzeitig über eine solche Situation sprechen kann. Niemand wird es als Petzen verstehen, wenn du über den Gebrauch von Drogen in deinem Freundeskreis sprichst. Wende dich zum Beispiel an deine Eltern, an Bekannte oder an gute Freunde. Du kannst auch einen Kinderarzt einweihen. Er wird Verständnis für dich haben und dir mit Rat und Tat zur Seite stehen.

Meilensteine der Medizin

Die Medizin hat heute einen sehr hohen Stand erreicht, doch bis hierher war es ein weiter Weg. Einen kurzen Einblick in die wichtigsten Stationen der Heilkunde erfährst du auf den folgenden vier Seiten.

Geister und Dämonen

Seit es Menschen gibt, gibt es auch Krankheiten. Und immer versucht man, diese zu behandeln und ihre Ursachen zu finden. Zunächst glaubten die Menschen, dass böse Geister den Körper befielen. Deshalb galt die Behandlung der Kranken als Aufgabe der Magier. Noch heute gibt es auf fast allen Kontinenten Naturvölker, die davon überzeugt sind, dass Dämonen Krankheiten hervorrufen. Medizinmänner können dann, so glauben sie, diese Geister mit beschwörenden Sprüchen und ganz bestimmten Ritualen wieder austreiben.

Fortschrittliche Antike

Der griechische Arzt Hippokrates, der rund 400 Jahre vor Christus lebte, war der erste, der sich nachweislich von diesem Aberglauben abwandte und wissenschaftliche Studien betrieb. Nun begann man auch, anatomische Studien zu betreiben, also den Körper aufzuschneiden und seine Organe zu untersuchen. Die Römer setzten die wissenschaftliche Arbeit der Griechen erfolgreich fort.

Krankheit als Strafe

Kirchliche und christliche Bedenken bremsten die Entwicklung der Medizin über viele Jahrhunderte hinweg. Lange Zeit waren die Menschen der Überzeugung, dass Krankheiten als Strafe für etwas Unerlaubtes über sie komme. Die Pest zum Beispiel wurde immer, wenn sie auftrat, als Strafe Gottes betrachtet. Mit Gelübden versuchte man, sie zu vertreiben.

Mit Furcht erregenden Masken und wilden Tänzen versuchen manche Naturvölker böse Geister und Krankheiten zu vertreiben.

Die Anatomie

Ein wichtiger Schritt für die Medizin war der Blick in den Körper. Im 16. Jahrhundert betrieb man zum ersten Mal in der Neuzeit anatomische Studien. Damals mussten die Wissenschaftler noch heimlich vorgehen, denn die Kirche verbot diese gründliche Untersuchung des toten menschlichen Körpers. Die Anatomie war die Voraus-

Hexen und Teufelsweiber

Vielen Hebammen und kräuterheilkundigen Frauen kam im Mittelalter und auch noch in der Neuzeit das Wissen um Heilverfahren, Schwangerschaft und Geburt teuer zu stehen. Mit ihren Kenntnissen erregten sie den Neid anderer, insbesondere auch von Ärzten. Unter dem Verdacht, sich mit dem Teufel verbündet zu haben, wurden viele Hebammen verfolgt und sogar zum Tod verurteilt.

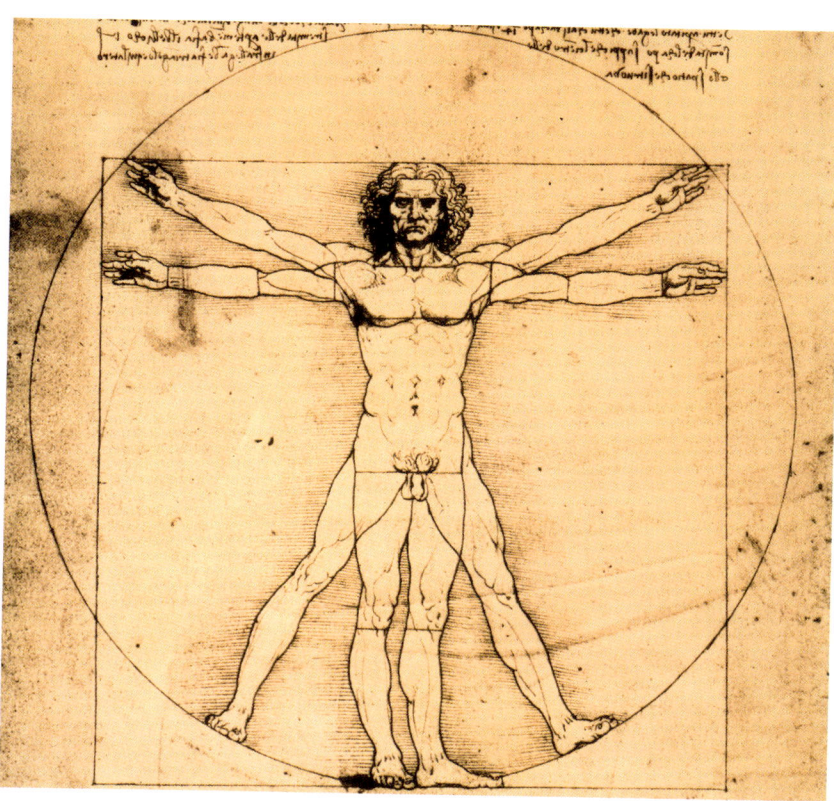

Der Künstler Leonardo da Vinci untersuchte bereits im 15./16. Jahrhundert den menschlichen Körper.

setzung für die wirksame Behandlung von Krankheiten. Nur wer weiß, wie Knochen zusammengefügt sind, wie Muskeln und Sehnen, Adern und Venen verlaufen und wie unsere inneren Organe aussehen, kann auch Heilmethoden ersinnen.

Zeitalter der Entdeckungen

Mit Riesenschritten entwickelte sich die Medizin im so genannten Zeitalter der Aufklärung. Da-

mals erhielten die Wissenschaftler auch die Unterstützung der Fürsten und Könige, denn man brüstete sich gerne mit neuen Erfindungen und umwälzenden Erkenntnissen. Zahlreiche medizinische Geräte wurden in dieser Zeit erfunden. Mithilfe des Mikroskops zum Beispiel konnte man nun die Welt der Mikroorganismen erforschen.

Winzige Lebewesen

Im 19. Jahrhundert teilte man die Medizin in einzelne Fächer auf, und erstmals wurden nun Operationen unter Narkose durchgeführt. Die Patienten mussten unter der Behandlung keine Schmerzen mehr leiden, und der Chirurg konnte seine Arbeit in Ruhe durchführen. Dennoch starben viele Menschen auch noch nach der Operation, denn den Medizinern waren Bakterien und deren tödliche Wirkung noch nicht bekannt. Die Entdeckung der Bakterien als Infektionserreger gilt deshalb als bedeutendste Leistung der Medizin im 19. Jahrhundert. Nachdem man nun wusste, wie Krankheiten übertragen wurden, konnten auch Impfstoffe gegen viele gefährliche Erkrankungen entwickelt werden. Auch Antibiotika gab es nicht immer. Seit der Entdeckung von Penizillin durch Sir Alexander Fleming können die Ärzte die meisten Erkrankungen behandeln, die durch Bakterien verursacht worden sind.

Mit Riesenschritten voran

Das 20. Jahrhundert brachte viele weitere Entdeckungen. Untersuchungs- und Heilmethoden wurden verfeinert. Mit Hilfe von Röntgenstrahlen (sie wurden

Ignaz Philipp Semmelweis

Bis ins 19. Jahrhundert hinein starben viele Frauen am so genannten Wochenbettfieber, kurz nachdem sie ein Kind zur Welt gebracht hatten. Der Frauenarzt Ignaz Philipp Semmelweis erkannte, dass diese Krankheit auf Infektionen beruhte. Er veranlasste daraufhin, dass jeder Arzt, der eine Frau untersuchte oder als Geburtshelfer tätig wurde, sich stets sorgfältig die Hände wusch. Damit rettete er unzähligen Frauen das Leben.

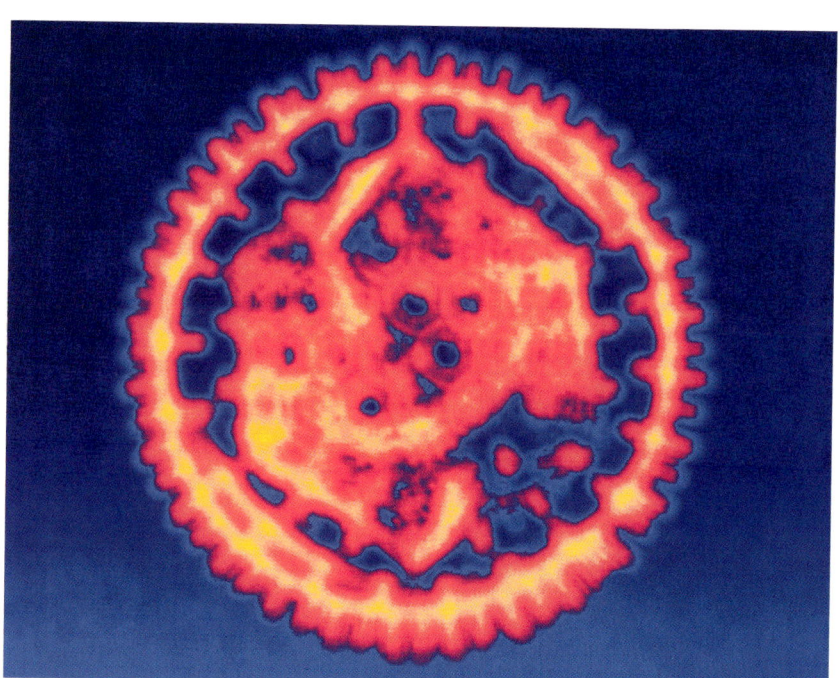

Erst im 19. Jahrhundert entdeckte man schließlich, dass viele Infektionen durch winzig kleine Bakterien und Viren hervorgerufen werden.

bereits 1895 von Conrad Röntgen entdeckt) und Ultraschalltechnik blickt man nun in den Körper, ohne ihn öffnen zu müssen. EKG- oder EEG-Gerät zeigen den Ärzten, was sich im Herzen oder im Gehirn abspielt. Eine wichtige Rolle nimmt seit dem 20. Jahrhundert auch die Übertragung und Verpflanzung von Organen ein. 1962 wurde die erste Nierentransplantation durchgeführt, und im Jahr 1967 gelang es dem Arzt Christiaan Barnard, erstmals ein Herz zu verpflanzen. Damit eröffnen sich der Medizin viele neue, aber auch sehr umstrittene Wege.

Kritische Stimmen

Gerade wenn es um werdendes Leben geht, gibt es viele kritische Stimmen in den Reihen von Medizinern und Nichtmedizinern. Viele sind der Meinung, dass nicht alles was machbar ist, auch gemacht werden sollte,

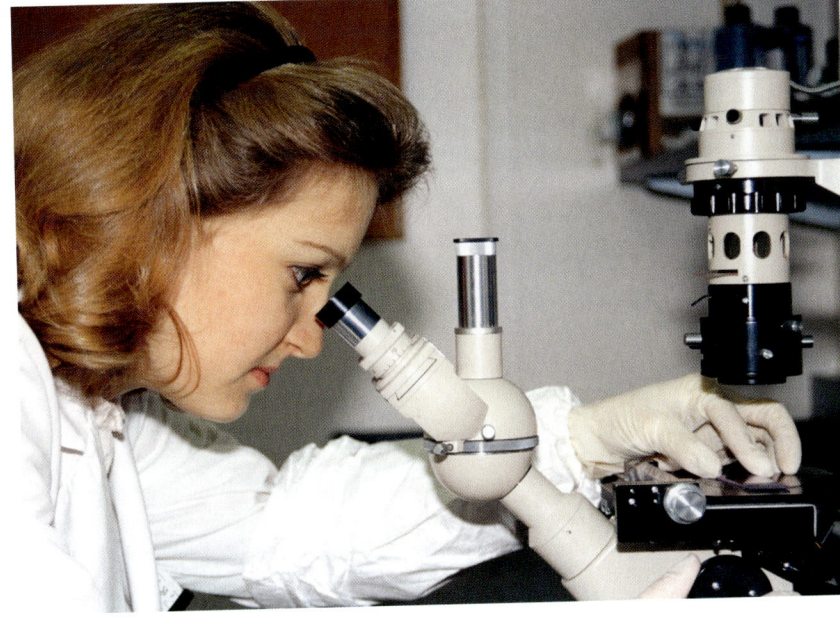

Unter dem Mikroskop werden auch feinste, für das bloße Auge nicht erkennbare Strukturen sichtbar.

und niemand gibt dem Menschen das Recht, sich zum Herrscher über Leben und Tod zu erheben.

Untersuchung des Erbgutes

Auch die Gentechnik nahm im 20. Jahrhundert ihre Anfänge. Erst seit kurzem kann man die einzelnen Gene des Menschen bestimmen, in denen festgeschrieben ist, welches Erbgut wir in uns tragen. Das ist besonders für die Erkennung von Erbkrankheiten wichtig. Heutzutage kann man diese

Krankheiten sehr früh feststellen, indem man die Gene untersucht.

Grenzen der Medizin

Trotz der rasanten Entwicklung der Medizin, gibt es noch immer Bereiche, in denen auch die Ärzte hilflos sind. Noch gibt es beispielsweise kein wirksames Mittel gegen die Immunkrankheit Aids, und auch die Zuckerkrankheit oder Rheuma bei Kindern kann man noch nicht heilen. Ständig suchen Forscher in modernen Labors deshalb weiter nach neuen Mitteln und Medikamenten.

Genetik

Die Wissenschaft, die sich mit den Vorgängen der Vererbung, den Genen und ihrem Aufbau befasst, nennt man Genetik. Sie hat sich unter anderem zum Ziel gesetzt, in krankheitsbedingtes Erbgut einzugreifen. Bei der Zucht von Nutzpflanzen nimmt man heute bereits Änderungen im Genmaterial vor, doch ist auch diese Anwendung der Gentechniker umstritten.

Großes Körper-Quiz

Jetzt hast du schon einiges über deinen Körper gelesen. Prüfe dein Wissen, indem du folgende Quizfragen beantwortest.

Die Lösungen findest du auf Seite 121. Für jede richtig beantwortete Frage darfst du einen Punkt notieren. Zähle deine Punkte zusammen, und lies unter den Bewertungen nach, die auf Seite 122 aufgeführt sind.

1 Wozu dienen die Flimmerhärchen in deiner Luftröhre?

2 Wer transportiert den Sauerstoff im Blut zu den einzelnen Organen?

3 Warum haben manche Menschen eine helle und manche Menschen eine dunkle Hautfarbe.

4 Wodurch entsteht Magenknurren?

5 Welchen Abfallstoff filtern die Nieren aus dem Blut heraus?

6 Welcher Nahrungsbaustein ist besonders in Milch enthalten? Eiweiß, Fett oder Kohlehydrate?

7 In welchen Nahrungsmitteln ist viel Vitamin C enthalten?

8 Welcher Sinn lässt dich blitzschnell deine Hand zurückziehen, wenn du auf eine heiße Kochplatte gefasst hast?

9 Wie kann man nicht sehen, wenn man nur ein Auge hat?

10 Was überträgt das Trommelfell auf die Gehörknöchelchen?

11 Welches Organ steuert deine anderen Körperorgane?

12 Schlägt dein Herz, wenn du Sport treibst, langsamer oder schneller als sonst?

13 Wie heißen die Zähne, mit denen du die Nahrung abbeißt?

14 Wie viele Zähne hat ein Milchzahngebiss?

15 Wie entsteht Karies?

16 Warum ist die Wirbelsäule nicht einfach ein durchgehender Knochenstab?

17 Wo befindet sich der kleinste Muskel deines Körpers?

18 Womit muss die Eizelle einer Frau verschmelzen, damit ein Kind entsteht?

19 Was passiert mit den weißen Blutkörperchen, wenn im

Körper eine Entzündung ist?

20 Warum ist Schlaf wichtig für deinen Körper?

21 Wie viele Tage liegen im Normalfall zwischen den Regelblutungen?

22 Welcher Körperteil eines Babys kommt bei der Geburt nomalerweise zuerst auf die Welt?

23 Welche Organe kann der Arzt mit seinem Stethoskop abhören?

24 Welche Geschlechtschromosomen müssen sich vereinen, damit ein Junge entsteht?

25 Bis zu welchem Lebensjahr wächst der Mensch?

26 Welches von den drei folgenden Nahrungsmitteln sollte man in nicht zu großem Umfang

essen? Obst, Zucker oder Wasser?

27 Welche der drei folgenden Tätigkeiten hilft dir, fit zu bleiben? Fernsehen, Gameboyspielen, Sport treiben?

28 Was hilft, wenn du dir irgendwo den Kopf angestoßen hast?

29 Welches Organ informiert das Gehirn darüber, ob der Mensch gerade liegt oder steht?

30 Wie wirkt eine Impfung?

Lösungen

1 Mithilfe der Flimmerhärchen werden kleine eingeatmete Schmutzteilchen wieder nach oben befördert und können so nicht in die Lunge gelangen.

2 Die roten Blutkörperchen.

3 Je nachdem, ob in der Haut viel oder wenig brauner Farbstoff, genannt Melanin,

hergestellt wird, hat man eher eine hellere oder eine dunklere Hautfarbe. In südlichen Ländern, in denen viel die Sonne scheint, haben die Menschen eher eine dunkle Hautfarbe. Sie gibt ihnen einen gewissen Schutz vor schädlichen Sonnenstrahlen.

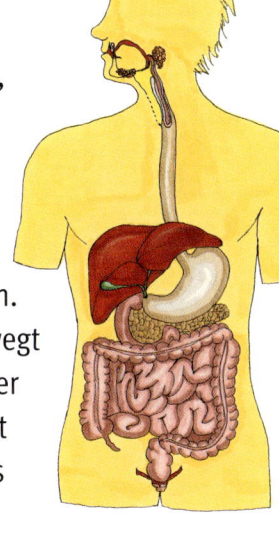

4 Wenn der Magen leer ist, also keine Speisen zu verarbeiten hat, befindet sich Luft in ihm. Diese Luft bewegt sich, sobald der Magen anfängt zu kneten. Das hört sich wie Knurren an.

5 Den Harnstoff.

6 Eiweiß.

7 In frischem Obst und Gemüse.

8 Der Tastsinn.

9 Man kann nicht räumlich sehen, erkennt also nicht, ob etwas weiter vorne oder hinten im Raum liegt.

10 Das Trommelfell überträgt die durch den Gehörgang ankommenden Schallwellen auf die Gehörknöchelchen.

11 Das Gehirn.

12 Das Herz schlägt dann schneller.

13 Schneidezähne.

14 Das Milchzähnegebiss hat 28 Zähne.

15 Werden die Zähne nicht richtig geputzt, bleiben kleine Speisereste zwischen ihnen hängen. Dort siedeln sich Bakterien an, die sich von den Speisen ernähren. Sie produzieren Säuren, die dann Löcher in die Zähne fressen. Man spricht dann von Karies.

16 Weil man den Körper sonst nicht nach vorne oder zur Seite beugen könnte. Auch wäre ein starres Skelett weniger widerstandsfähig gegen Stöße.

17 Im Innenohr.

18 Mit der Samenzelle eines Mannes.

19 Die weißen Blutkörperchen vermehren sich und wandern zur Entzündung, um die Krankheitserreger abzutöten.

20 Weil er sich entspannen und ausruhen muss, um wieder neue Kraft zu tanken.

21 28 Tage

22 Der Kopf

23 Das Herz und die Lunge

24 Ein X und ein Y.

25 Bis ungefähr zum 20. Lebensjahr.

26 Zucker.

27 Sport treiben.

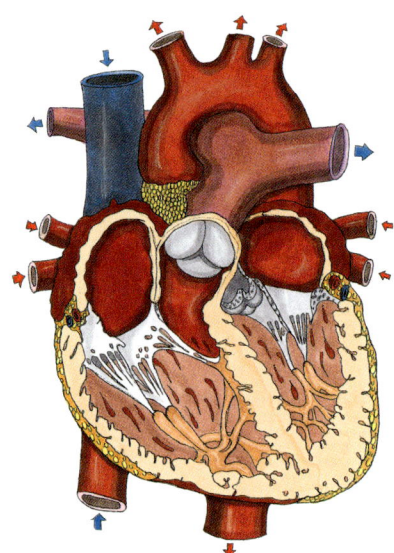

28 Am besten ist es, die Stelle schnell zu kühlen, damit die Beule nicht zu groß wird.

29 Das Gleichgewichtsorgan

30 Bei einer Impfung erhält der Körper nur sehr wenige Krankheitserreger einer bestimmten Krankheit. Dadurch bildet er Abwehrstoffe gegen diese Krankheit, erkrankt aber nicht daran.

Bewertung

0–10 Punkte
Du könntest noch ein bisschen mehr über deinen Körper dazulernen.

10–20 Punkte
Du weißt schon recht gut über deinen Körper Bescheid.

20–30 Punkte
Du bist ein richtiger „Körper-Profi".

Wichtige Begriffe

In der **Bauchspeicheldrüse** werden Verdauungssäfte und Insulin hergestellt. Letzteres reguliert den Blutzuckerspiegel.

Blutgruppen Jeder Mensch hat eine bestimmte Blutgruppe. Sie wird durch chemische Stoffe festgelegt, die auf den roten Blutkörperchen sitzen. Manche Blutgruppen passen nicht zusammen. Das muss bei Blutübertragungen beachtet werden.

Chromosomenpaare sind winzige, paarweise angeordnete Stäbchen, in denen unsere ganze Erbinformation verschlüsselt vorliegt. Jede unserer Körperzellen besitzt 46 Chromosomen, nur die Eizelle und die Samenzelle verfügen über weniger, nämlich 23 Chromosomen.

Flimmerhärchen sind winzige Härchen, die in der Luftröhre sitzen und immer in Richtung Mund und Nase schlagen, um kleine Schmutzteilchen wieder nach draußen zu befördern.

Mit den **Geschmacksknospen** auf deiner Zunge kannst du vier verschiedene Geschmacksrichtungen unterscheiden: süß, sauer, bitter und salzig.

Haare sind aus abgestorbenen Hautzellen aufgebaut und wachsen ungefähr einen Zentimeter pro Monat.

Das **Herz** pumpt das Blut durch den Körper. Es ist ein Muskel, der in zwei Kammern und in zwei Vorhöfe unterteilt ist.

Karies heißt auch Zahnfäule. Sie entsteht dann, wenn Essensreste zwischen den Zähnen bleiben. Das zieht Bakterien an, die aus den Resten Säuren produzieren, welche wiederum Löcher in die Zähne fressen.

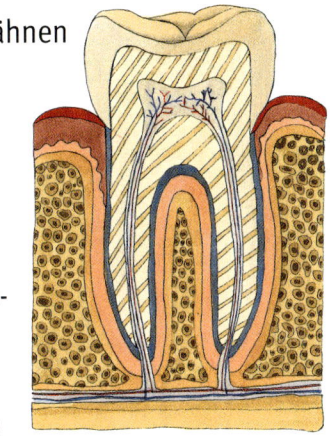

Die **Leber** ist der Hauptspeicher für Zucker. Außerdem werden in ihr viele Nahrungsbestandteile umgebaut. Zusätzlich ist sie eine große Entgiftungsstation.

In den **Lungenbläschen** findet der Austausch zwischen dem Sauerstoff, den die Zellen benötigen, und deren Abfallprodukt Kohlendioxid statt, das wir dann wieder ausatmen.

Melanin ist der Farbstoff in der Haut, der das Braunsein bewirkt.

Als **Muskelkater** bezeichnet man Schmerzen in den

Muskeln, die entstehen, wenn man, ohne die Muskeln vorher zu trainieren, plötzlich viel Sport treibt. Die Schmerzen entstehen durch Milchsäure, die in

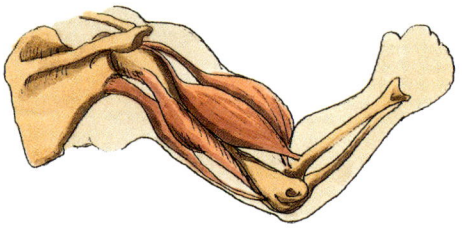

den Muskeln abgelagert wird und nicht so schnell abgebaut werden kann.

In den **Nieren** wird das „Abfallprodukt" Harnstoff aus dem Blut herausgefiltert. Außerdem werden für den Körper wichtige Mineralien sowie Wasser wieder in den Körper zurückgefiltert.

Die **Ohrtrompete** verbindet das Innenohr mit dem Rachen. Dadurch dass sie sich öffnet, kann der Druck im Innenohr ausgeglichen werden, wenn er manchmal zu hoch oder zu niedrig ist.

Pubertät nennt man die Zeit, in der sich die Geschlechtsorgane der Mädchen und Jungen entwickeln, sie also körperlich dazu in der Lage sind, ein Kind zu zeugen.

Als **Sinne** bezeichnet man das Hören, das Sehen, das Riechen, das Schmecken und das Tasten.

Ein **Sonnenbrand** ist eine mehr oder weniger starke, immer aber schädliche Verbrennung der Haut. Deshalb sollte man sich nicht zu lange in der prallen Sonne aufhalten und Sonnencremes mit hohem Lichtschutzfaktor verwenden.

Die **Speiseröhre** ist ein langgezogener Muskelschlauch, der sich an mehreren Stellen immer wieder zusammenzieht und die Nahrung in wellenförmigen Bewegungen weiter in Richtung Magen befördert.

Die **Stimmbänder** tragen zur Produktion von Tönen bei. Töne entstehen durch Luft, die zwischen den beiden Stimmritzen hindurchströmt und so in Schwingungen versetzt wird. Zähne, Zunge und Gaumen formen aus diesen Tönen Laute, ohne die es keine Sprache gäbe.

Das **Trommelfell** ist ein dünnes, zeltartig aufgespanntes Häutchen, das

am Ende des Gehörgangs liegt und die von außen ankommenden Schallwellen auf die Gehörknöchelchen überträgt.

Die **Wirbelsäule**, die S-förmig gekrümmte Stütze des Körpers, wird aus mehreren Wirbeln aufgebaut. Damit die Wirbelsäule nach allen Seiten gut beweglich ist, sind zwischen den einzelnen Wirbelkörpern Bandscheiben eingebaut.

Der **Zwölf-Finger-Darm** ist der erste Teil des Dünndarms. In ihn fließen Verdauungssäfte von Bauchspeicheldrüse und Gallenblase, die die Verdauung des Nahrungsbreis unterstützen.

über dieses Buch

Die Autorin

Dr. Ursula Keicher arbeitet als Kinderärztin in einer Münchner Kinderklinik. Sie hat bereits mehrere Sach- und Kinderbücher veröffentlicht.

Die Illustratorin

Gisela Dürr studierte an der Fachhochschule Mainz Kommunikationsdesign und erhielt nach ihrem Studium ein Stipendium für die „Schule für Gestaltung" in Zürich. Mit einem feinen Gespür für die kindliche Fantasie- und Vorstellungswelt hat sie bereits zahlreiche Kinderbücher illustriert. Zweimal war sie mit ihren Arbeiten auf der internationalen Kinderbuchausstellung in Bologna vertreten.

Haftungsausschluss

Die Inhalte dieses Buches sind sorgfältig recherchiert und erarbeitet worden. Dennoch kann weder der Autor noch der Verlag für die Angaben in diesem Buch eine Haftung übernehmen.

Bildnachweis

© AESCULAP AG & Co. KG, Tuttlingen: 99 (Reflexhammer); Univ.- Prof. Dr.med. Klaus-U. Benner, München: 18, 42; Blutspendedienst des DRK NrW, Hagen: 13; Helga Florian, Weiden: 4/60, 57; FOCUS Presse- und Photoagentur GmbH, Hamburg: 12 (Science Photo Library/ Syred), 16 (Science Photo Library), 27 (Science Photo Library/ Kedersha), 34 (Science Photo Library/ Motta), 52 (Science Photo Library/Motta), 53 (Eye of Science/-Meckes), 58 (Science Photo Library/ Parker links unten, Moulds rechts oben, 59 Michler links, Pasieka rechts), 68 (Science Photo Library/Motta), 77 (Science Photo Library/ Nikas); HEINE Optotechnik, Herrsching: 98; Image Bank Bildagentur GmbH, München: 100 (Schmid/Langsfeld),104 (Murez); Jens Kron, Augsburg: 96; Mauritius Die Bildagentur GmbH, Mittenwald: 7 (Fichtl), 29 (Pöhlmann), 66 (Phototake), 74/5 (JIRI), 80/1 (age fotostock), 89 (Habel), 115 (Manus), 117 (SST), 105 (Phototake); Getty Images Deutschland GmbH/Stone, München: 78 (Mackechnie), 79 (Harding links, Tony Stone Imaging Mitte, Vason rechts), 87 (Durfee), 90 (Thomas), 97 (Monneret), 101 (Thatcher); Stephan Wieland, Düsseldorf: 61; zefa visual media gmbh, Düsseldorf: 20 (Masterfile), 23 (Masterfile), 45 (Inden), 71 (Index Stock), 76 (Index Stock), 91 (Baden), 92 (Index Stock), 94/5 (Masterfile), 109 (Benser), 119 (Pasieka).

Titel: Getty Images Deutschland GmbH/Stone, München (Brown)

Impressum

Es ist nicht gestattet, Abbildungen und Texte dieses Buches zu digitalisieren, auf PCs oder CDs zu speichern oder auf PCs/Computern zu verändern oder einzeln oder zusammen mit anderen Bildvorlagen/Texten zu manipulieren, es sei denn mit schriftlicher Genehmigung des Verlages.

Weltbild Buchverlag, Originalausgaben
© 2001 Verlagsgruppe Weltbild GmbH, Augsburg
Alle Rechte vorbehalten

Projektleitung: Friederike Lutz
Redaktion: Ursula Klocker
Bildredaktion: Susanne Allende
Umschlag: Lydia Koch
Layout/Satz: KL-Grafik, München
Reproduktion: kaltnermedia GmbH, Bobingen
Druck und Bindung: Druckerei Appl, Wemding

Gedruckt auf chlorfrei gebleichtem Papier

Printed in Germany

ISBN 3-89604-460-5

Stichwortverzeichnis